기초부터 고급까지

케이크데코아트 & 공예테크닉

공예편

공예

1. 마지팬(Marzipan)

마지팬은 아몬드와 설탕을 갈아 만든 페이스트로 독일어인 마르치판을 영국식 발음으로 마지팬이라 한다.
마지팬의 종류는 설탕과 아몬드의 배합률에 따라 설탕과 아몬드의 비율이 1:2인 로마지 팬과 설탕과 아몬드의 비율이 2:1로 설탕의 점도가 매우 강한 마지팬으로 나뉜다. 로마지 팬은 스펀지, 파운드 반죽 등에 섞어 사용하고 마지팬은 공예용으로 사용한다.

1) 마지팬 반죽 만드는 방법

① 재료

껍질 있는 아몬드 1000g

a. 설탕 500g 시럽 400g

b. 설탕 1000g 물 300g 물엿 250g

② 만드는 방법

(1) 아몬드가 잠길 정도로 물을 붓고 60~70℃까지 끓인 뒤 아몬드 껍질을 벗기고 물에 2~3시간 담가둔다.

(2) 재료 b를 125℃까지 끓인 후 물기를 뺀 아몬드를 붓고 계속 저어준다.

(3) 하얗게 결정체가 형성되고 퐁당처럼 변하면 차가운 철판에 펼쳐 완전히 식힌다.

(4) 롤러에 두께를 줄여가며 8회 정도 갈아준다.

(5) 재료 a를 첨가하며 반죽의 정도를 조절하고 뭉쳐진 반죽에 기리슈와 분당을 넣는다.

2) 마지팬 공예에 필요한 기본 기구와 재료

① 식용색소

반죽과 장식물에 색을 입힐 때 쓰이는 식용색소

② 마지팬 스틱

다양한 크기의 홈을 파고 무늬를 내는데 쓰이는 갖가지 종류의 모양 스틱과 반죽을 밀어 펴는데 사용되는 봉, 반죽을 자르고 깔끔한 테두리 작업하는 커터 등이 있다.

③ 비닐이나 플라스틱 파일

반죽을 얇게 밀어 펼 때나 귤이나 레몬 껍질 같은 무늬를 낼 때 비닐이나 플라스틱 파일을 사용한다.

④ 여러 가지 모양 깍지

여러 모양이나 장식할 때 찍어 사용한다.

⑤ 가위

마지팬 반죽을 자르거나 무늬를 표현할 때 사용한다.

⑥ 체

동물의 깃털이나 꽃 심을 표현할 때 마지팬 반죽을 체 대로 눌러 사용한다.

⑦ 기타 도구 및 재료

색을 입힐 때 사용하는 에어브러시, 덧가루로 사용하는 분당, 물 등이 있다.

3) 마지팬 커버링

① 재료 및 도구

프루츠 케이크, 마지팬 공예 반죽, 잼, 럼, 밀대, 커터, 분당(덧가루용)

② 커버링 하는 법

(1) 하루 정도 냉각시킨 프루츠 케이크를 돔형으로 만든다.

(2) 럼을 바른 후 스패튤라를 이용해 잼을 골고루 발라준다.

(3) 마지팬을 1mm 두께로 얇게 밀어 씌운 후 반죽 위에 물 칠을 하고 설탕을 살짝 뿌린 뒤 1.5mm 두께로 밀어 다시 한 번 더 씌운다.

(4) 남아있는 반죽은 커터로 잘라 말끔하게 정리한다.

2. 초콜릿 공예

초콜릿은 카카오나무의 종자(카카오두)를 원료로 하여 만들어진 것으로 영어로는 초콜릿이라 발음하며 불어로는 쇼콜라, 독어로는 schokolade(쇼콜라뎁)라 한다.

1. 초콜릿의 종류

1) 배합 조성에 따른 분류

- 카카오마스

  비터 초콜릿이라고도 하며, 카카오빈에서 외피와 배아를 없애고 부순 것으로 다른 성분은 전혀 포함하고 있지 않기 때문에 카카오 빈 특유의 쓴맛이 그대로 난다. 카카오 빈은 카카오 고형 분과 카카오 버터가 주성분이다.

- 카카오버터

  카카오 빈에서 직접 추출하거나 코코아 파우더를 만들 때 추출해낸 것을 두었다가 사용할 수도 있다. 커버추어를 좀 더 매끄럽게 하고 싶을 때나 가나슈를 만들 때 부드럽고 리치한 맛을 내기 위해 버터 대신 넣기도 한다.

- 다크초콜릿

  주성분은 카카오 버터, 설탕, 레시틴, 바닐라로서 카카오 함량은 30~80%이며 특징으로는 카카오 버터를 함유하기 때문에 유동성이 좋다. 다크초콜릿은 제과계에서 가장 많이 선택되는 것으로 그 종류는 다크 스위트, 세미 스위트, 비터 스위트 등이 있다. 카카오 매스의 함량이 다크 스위트에서 15% 이상, 세미 스위트, 비터 스위트 등에는 35% 이상이 함유되어 있어 강한 향을 내는 초콜릿이다.

- 밀크 초콜릿

  주성분은 다크초콜릿, 전지분유이며, 가장 부드러운 초콜릿이라는 특징이 있다. 카카오 매스의 함량은 7~17%이며, 우유 함량은 15~25% 수준의 초콜릿이다.

- 화이트 초콜릿

  주성분은 카카오 버터, 설탕, 분유, 레시틴, 바닐라로서 코코아 가루가 전혀 들어가지 않으며 색이 하얗고 빨리 굳는 것이 특징이다.

- 커버춰 초콜릿

  카카오 버터가 많이 들어가며 광택이 잘나고 윤기가 좋으며 공예 작품에 쓰인다는 특징이 있다.

2) 용도에 따른 분류

- 커버춰 초콜릿

  누가, 캔디, 마시멜로 등을 피복하기 알맞은 초콜릿이다.

- 생과자 코팅용

  케이크류에 덧씌우는 것으로 경화류를 섞은 것이 특징이다.

- 모델링 초콜릿

  세공용 초콜릿으로 녹인 초콜릿에 시럽과 물엿을 첨가하여 페이스트 상태로 만든 뒤 여러 가지 색을 들여 세공한다.

2. 초콜릿 템퍼링

1) 템퍼링 온도

- 다크 초콜릿: 45~50℃ -> 27~28℃ -> 31~32℃
- 밀크 초콜릿: 40~45℃ -> 26~27℃ -> 29~30℃
- 화이트 초콜릿: 38~40℃ -> 25~26℃ -> 28~29℃

2) 템퍼링 방법

- 대리석 템퍼링 방법

  45℃로 녹인 초콜릿을 대리석에 2/3 붓고 온도를 내린 다음 나머지 1/3과 섞어 30~32℃로 템퍼링 한다.

- 물 템퍼링 방법

  따뜻한 물에 중탕으로 녹인 초콜릿을 찬물에 식혀 템퍼링 한다.

● 접종법

36℃ 정도로 녹인 초콜릿에 잘게 썰은 1/4 초콜릿을 섞어 템퍼링 한다.

3) 초콜릿 템퍼링할때의 주의점

1. 화기로부터 열이 직접 전달되지 않도록 중탕으로 녹인다.
2. 중탕에서 용해할 때 물과 수증기가 들어가지 않도록 한다.
3. 온도계를 사용하여 정확한 온도 측정을 한다.

3. 초콜릿공예에 사용되는 기본 배합과 제조방법

1) 플라스틱 초콜릿

동절기 : 커버추어 초콜릿 100%, 액상 포도당(또는 물엿) 50%

하절기 : 커버추어 초콜릿 100%, 액상 포도당(또는 물엿) 30~35%

- 커버추어 초콜릿과 액상 포도당(또는 물엿)의 온도를 40~45℃로 맞춘다.
  (화이트 초콜릿은 35~40℃)
- 커버추어 초콜릿에 액상 포도당을 넣고 빠르게 혼합한다(과도하게 섞지 않는다).
- 비닐 등으로 포장한 후 실온에서 24시간 동안 휴지 및 결정화시킨다.
- 매끄러운 상태가 될 때까지 치댄 후 밀폐 용기에 담아 보관한다.

2) 분사용 초콜릿

커버추어 초콜릿 100%, 카카오 버터 30~45%

- 커버추어 초콜릿과 카카오 버터를 45~50℃로 가열하여 녹인 후 핸드 블렌더를 이용하여 섞는다.
- 고운체로 거른 후 28℃까지 온도를 낮춘다.
- 32~35℃까지 온도를 높여 사용한다.

3) 초콜릿 색소

카카오 버터 100%, 색소 8~10%

- 색소에 30~35℃로 녹인 카카오 버터를 여러 번 나눠 반복해서 섞는다.

4) 젤라틴 몰드

젤라틴 150g, 물 300g, 설탕 400g

- 물과 설탕을 섞어 끓인 뒤 찬물에 불린 젤라틴을 넣고 녹인다.
- 체에 걸러 거품을 제거한 뒤 용기에 담아 냉장고에서 24시간 동안 굳힌다.
- 틀로 사용할 용기에 하루 굳힌 젤라틴을 1cm 높이까지 붓고 굳힌다.

- 용기의 중앙에 원하는 모형을 올려 고정시킨 뒤 모형이 완전히 잠기도록 녹인 젤라틴을 붓고 냉장고에 넣어 굳힌다.
- 굳은 젤라틴을 반으로 잘라 모형을 분리시킨다.

4. 블룸현상

초콜릿의 표면에 하얀 무늬가 생기거나 하얀 반점이 생기는 현상으로 카카오버터가 원인인 팻블룸과 설탕이 원인인 슈거 블룸이 있다.

1) 팻블룸

템퍼링이 정확히 행해지지 않거나 취급하는 방법이 적절하지 않고 온도 변화가 심한 곳에 저장할 경우 카카오 버터의 여러 가지 형태의 분자들이 위로 뜨게 되고 그 때문에 표면에 지방 결정이 생기는 현상으로 초콜릿의 표면에 흰 얇은 막이 생긴다.

2) 슈거블룸

설탕이 수분에 용해해서 재결정하기 때문에 생기는 현상으로 제품을 습도가 높은 곳에 오랫동안 방치하거나 온도 변화의 경우에 생긴다.

5. 초콜릿의 저장온도와 습도

직사광선이 없는 18~20℃, 상대습도 65% 미만의 조건에서 밀봉, 보관한다.

3. 설탕공예

설탕에 젤라틴과 섬유질 등의 식재료를 첨가하고 반죽하여 붓기, 당기기, 불기 등의 다양한 기법으로 여러 가지 꽃들과 동물, 새 등의 모양을 빚고 색을 넣어 건조해 완성하는 순수 공예이다.

1. 설탕공예 종류 및 만드는 방법

1) 설탕반죽

설탕공예의 가장 기본 재료는 설탕반죽이다.
공예작품을 만들 때 시럽이나 덩어리 상태로 미리 만들어 두고 사용하기도 하며, 기본 재료로는 설탕과 물, 물엿, 주석영이 사용된다.

(1) 끓인 설탕을 실팻 위에 붓고 굳기 전 가장자리부터 안으로 말아준다.

(2) 가장자리를 안으로 말아 치대는 과정을 반복하여 식으면 반죽을 뭉쳐 원하는 모양을 만들어 사용한다.

2) 파스티아주

분당과 젤라틴을 이용해 만든 반죽으로 여러 가지 모형을 만들 때도 사용되며, 흰색의 아름다움을 표현하기 좋을 뿐 아니라 색채를 입혀 다양한 이미지를 나타낼 수도 있다.

(1) 얼음 물에 불린 젤라틴을 물에 녹인 뒤 레몬주스를 넣는다.

(2) 믹싱볼에 체에 친 분당과 녹인 젤라틴을 넣고 한 덩어리로 뭉쳐질 때까지 저속으로 돌린다.

(3) 반죽이 매끈해질 때까지 손으로 치댄 후 사용한다.

3) 이소말트

설탕을 이루는 원료 중 하나로 칼로리와 감미도가 낮아 설탕 대체물질로 사용되며, 열과 산에 강하여 갈변현상이 없어 비교적 색이 나지 않음으로 그대로 맑고 투명한 느낌을 주거나 원하는 색을 낼 때 색소를 넣어 사용한다.

(1) 이소말트를 냄비에 넣고 덩어리가 없어질 때까지 저어주며 끓여준다.

(2) 실팻 위에 붓고 손으로 반죽해 사용하거나 틀에 부어 사용한다.

2. 설탕공예에 사용되는 기법

1) 쉬크르 꿀레(Sucre Coule)

설탕반죽을 원하는 틀에 부어 굳혀서 모양을 만드는 기법으로 투명기법과 불투명 기법이 있는데, 불투명 기법에는 티탄 옥시드를 넣어준다.

2) 쉬크르 티레(Sucre Tire)

프랑스어로 티레는 잡아 늘린다는 뜻으로 설탕반죽을 당겨 모양을 만드는 기법으로 꽃과 잎 등 여러 가지 모양을 만들 때 사용한다.

(1) 설탕반죽 덩어리를 평행을 유지하며 원하는 모양이 되도록 잡아당긴다.

(2) 손가락 끝을 이용하여 얇으면서도 날카로운 부분을 만든다.

(3) 원하는 길이나 모양이 나오면 손으로 누르면서 끊어주거나 가위로 잘라준다.

3) 쉬크르 수플레(Sucre Souffle)

설탕반죽에 공기를 넣어 모양을 잡는 기법으로 둥근 공이나 과일, 물고기, 동물 등과 같이 볼륨이 있는 것들을 만들 때 사용한다.

(1) 집게손가락을 이용하여 설탕 반죽 덩어리의 가운데 부분을 눌러 홈을 만든다.

(2) 펌프를 연결한 뒤 볼을 부풀리면서 모양을 잡는다.

(3) 부풀린 볼을 선풍기를 이용해 차갑게 식힌 뒤 펌프를 뺀다.

3. 설탕공예의 기본도구

● 온도계

설탕을 끓일 때 온도를 재는 용도로 200℃까지 올라가는 온도계를 사용한다.

● 냄비

설탕용액을 끓일 때 사용하는 냄비로 동 냄비나 스테인리스 냄비를 사용한다.

● 붓

설탕을 끓일 때 결정이 생기지 않도록 옆면을 닦는 데 사용하는 붓과 가는 선을 그리는 붓, 풀칠을 위한 붓 등 여러 개를 준비한다.

● 국자

설탕을 끓일 때 불순물을 걷어내는 데 사용된다.

● 가위

꽃잎을 자르거나 가장자리의 거친 부분을 다듬을 때 사용한다.

● 설탕공예용 고무장갑

손가락으로 반죽을 잡아당기며 작업을 하기 때문에 되도록 손에 잘 맞는 고무장갑을 선택한다.

● 모양틀

쉬크르 꿀레(Sucre Coule)와 같은 기법을 사용할 때 주로 쓰인다.

● 에어펌프

공기를 주입하는 과일이나 물고기 등을 만들 때 사용 한다.

4. 작업장 습도

습도가 높으면 설탕의 모양이 변형됨으로 제습기 또는 에어컨을 사용하여 습도는 45~50%를 넘지 않도록 한다.

5. 보관 방법

1) 보호막이 쳐진 상자에 넣어 두거나 광택제를 바른다.

2) 실리카겔이나 생석회를 넣은 유리 상자에 넣어둔다.

3) 생석회를 넣거나 습기를 차단시킬 수 있는 쇼케이스에 넣어둔다.

4. 슈거크래프트

서양의 웨딩 케이크는 바로 약속과 축복의 상징이었다. 웨딩 케이크는 신부의 화사함과 신랑의 옆에서도 귀티를 잃지 않아야 한다. 웨딩 케이크는 고대 로마의 귀족들은 결혼식 때 소금과 밀가루로 만든 아주 소박한 형태의 케이크를 만들었던 것으로 알려져 있다. 그리고 이 케이크는 주피터 신에게 바친 신랑 신부가 나눠 먹음으로써 축복을 받을 수 있다고 믿었다. 설탕을 이용한 웨딩 케이크는 영국에서 만들었으면, 1840년 빅토리아 여왕과 알버트 공의 결혼식 당시 만들어진 웨딩케이크는 둘레만 3 야드(약 2.7m)에 3백 파운드(약 136kg)의 무게를 지닌 초대형 케이크로, 여러 가지 섬세한 조형물들이 장식되어 있었다. 우리나라에는 해방 후 조금씩 전파되기 시작했다.

1) 슈거크래프트의 재료

(1) 분당

슈거크래프트는 아무것도 첨가되지 않은 순수한 분당을 사용하는 것이 좋다. 분당은 입자가 미세한 만큼 표면적이 커서 흡습성이 쉽고 덩러리가 지기 때문에 사용하고 남은 분당은 밀폐된 통에 보관하여야 한다.

(2) 흰자

흰자는 수분과 단백질로 구성되어 있다. 흰자는 전체 중량의 약 60%를 차지하며 농후나 백과 점도가 낮은 수용성 난백 및 난황을 고정하고 있는 알끈으로 구성되어 있다. 아주 신선한 계란은 묽은 흰자와 진한 흰자의 비율이 거의 같지만 계란이 오래될수록 진한 흰자가 수양화되어 묽은 흰자의 양이 많아진다. 슈거크래프트는 점도가 높은 신선한 흰자를 이용하는 것이 좋다.

(3) 쇼트닝

원료는 동식물성 유지 및 경화유로서 쇼트닝에는 전혀 수분과 향미 성분이 포함되지 않는 것이 특징이다. 슈거크래프트의 반죽을 치대면 분당의 일부가 흰자에 녹아서 끈적거려지는데 쇼트닝을 바르면서 작업을 하게 되면 작업성도 좋아질 뿐더라 밀어 펼 때 바닥에 달라붙는 것을 방지한다.

(4) 안정제

분당에 흰자를 첨가하여 슈거프래프트 반죽을 치댄 후 꽃이나 여러 가지 조형물을 만들다 보면 반죽이 갈라지는 것을 방지하기 위하여 안정제를 사용한다.

① 아라비아 검

아라비아 검은 인도, 수단과 같이 덥고 건조한 곳에서 자라나는 아카시아 나무껍질에서 추출하는 삼출물이다. 아라비아 검은 찬물과 더운물에 잘 녹는데 다른 검류는 점도 때문에 5% 이상의 수용액을 만들기가 어렵지만 아라비아 검은 55% 점도의 수용액을 만들 수 있다.

② 젤라틴

젤라틴은 동물의 조직에 존재하는 단백질의 콜라겐을 가수 분해하여 만든 것으로 설탕, 산, 색소, 향료를 첨가하여 가공한 것이 젤라틴이다. 젤라틴은 아미노산으로 구성되어 있으며 그리산과 프롤린의 함량이 높다. 젤라틴은 천연 검과 마찬가지로 무과 함께 가열하면 35℃ 이상에서 노아서 투명한 겔을 형성한다. 젤라틴은 가격도 저렴하고 사용법도 간단해서 슈거크래프트 반죽에 많이 사용되고 있다.

③ CMC

CMC는 흡수성이 커서 물에 쉽게 녹아 점성을 띄는 겔 상태가 되는데 이 겔 상태는 점착력이 있고 광선이나 열에 안정적이어서 점도가 저하되지 않는다.

참고문헌

한국낙농육우협회

우유 및 유제품 과학 (문지웅 저)

the World of sugar art : choi du ri, Gwork ji Won

디저트, 지구문화사(오석태 외)

eneremets and art, 기문사(이명호 외)

cake decoration technic, BnCworld(월간파티시에)

최신제과제빵 디저트, 지구문화사(한장호 외)

윤숙자(2002), 떡이 있는 풍경, 질시루.

최덕주 외 5인(2014) 한식 디저트, 지구문화사.

NCS학습모듈, 떡공예.

professional dessert, 효일(나성주 외)

정종성(2011), 고급 테크닉으로 배우는 마지팬, 대가.

오병호(2003), 오병호의 마지팬 세계, 대한제과협회.

파티시에(2005. 2), 비앤씨월드.

대한제과협회(2003), Monthly bakery.

오병호, 김영훈(2005). "프로에게 배우는 설탕공예 빵공예", 교학사.

정영택(2010), 정영택의 설탕공예ABC, 교학사.

Louise & Othmar Fassbind, 설탕공예 Zucker Artistik, 비앤씨월드.

마지팬

마지팬

마지팬 기초

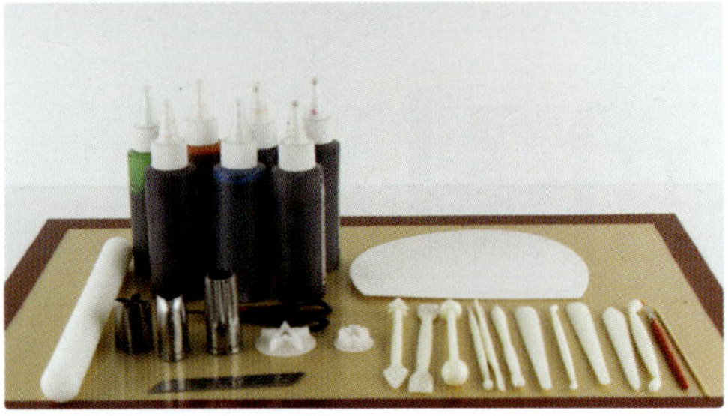

마지팬 준비물

마지팬 착색한 형태

착색한 마지팬 색들이기

착색한 마지팬 색들이기

마지팬 도구

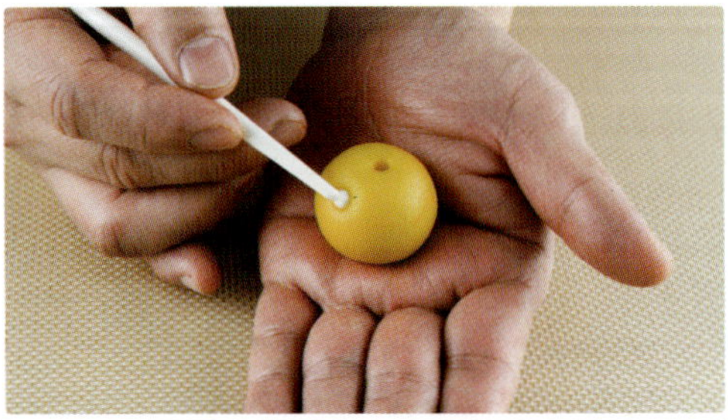

도구로 모양 찍기

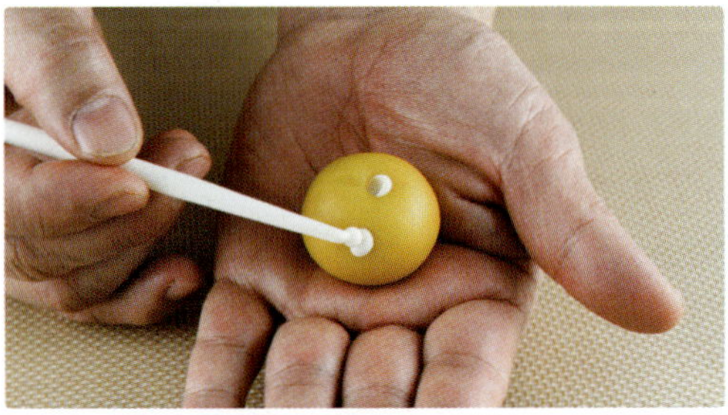

쌍커플 만들기

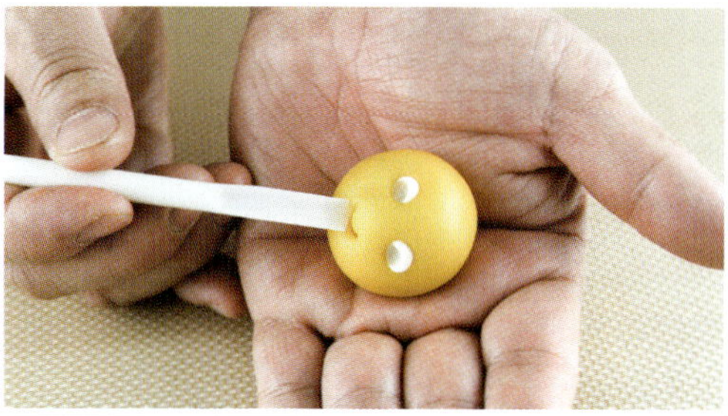

입 모양 만들기

귀 모양 만들기

마지팬 도구로 모양내기

틀로 모양내기

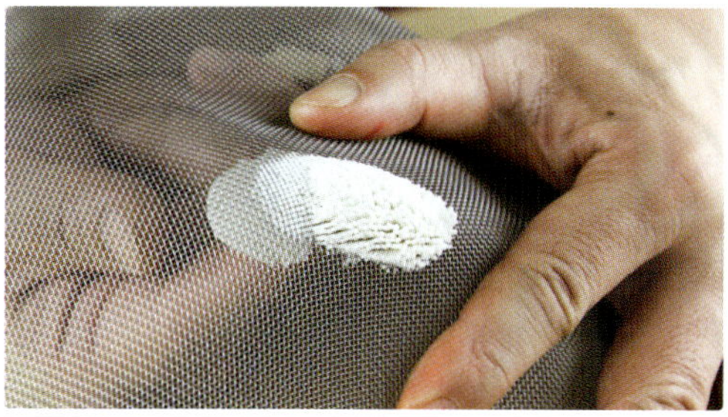

체로 모양내기

가위로 모양내기

프루츠 케이크

| 재료 | 박력분 500g, 설탕 450g, 마가린 280g, 계란 500g, 우유 100g, 베이킹파우더 5g, 소금 8g, 건포도 50g, 체리 200g, 호두 200g, 오렌지 필 200g, 럼 90g, 바닐라 향 2g

| 마지팬용 시트 |

1 계란을 흰자와 노른자로 분리한다.
2 마가린을 부드럽게 만든 후, 소금, 설탕 1/2을 넣고 크림화한다.
3 2번 반죽에 노른자를 조금씩 넣어 크림화한다.
4 흰자를 넣고 70% 정도 공기 포집을 한 뒤 설탕을 넣고 최대한 공기 포집을 한다.
5 3번 반죽과 4번 반죽을 섞는다.
6 체 친 가루 재료를 4번 반죽에 섞어준다.
7 미리 전처리해둔 건조 과일을 반죽한 곳에 살짝 섞어준다.
8 3호 팬에 60~70% 정도 팬닝한 다음 170/170°c 에서 40~45분 정도 굽는다(건조과일 종류는 하루 전날 럼주에 담가두는 것이 좋다).

| 커버링 씌울 시트 |

1 하루 정도 미리 구워놓은 프루츠 케이크의 윗면을 자르고 옆면을 돔 형태로 만든다.

+ TIP

+ 마지팬 반죽을 손으로 만질 때는 청결 및 개인위생에 주의를 기울여야 한다.
+ 마지팬 반죽에 슈거파우더를 너무 많이 넣고 치대면 딱딱하고 표면이 부러져 모양이 안 나고, 너무 적게 쓰면 모양 잡기가 어렵거나 모양을 만들어 놓아도 흐트러지기 쉬우므로 비율을 맞추는 것이 중요하다.
+ 마지팬에 식용색소를 들일 때에는 소량의 반죽을 진하게 착색하여 흰 반죽에 섞어서 색을 표현하는 것이 중요하다.
+ 마지팬 공예 도구는 그 쓰임의 용도를 숙지하여 사용하는 게 중요하다.
+ 마지팬 공예를 오래 보관하고 싶을 때는 충분히 말리는 게 중요하다.
+ 공예용 마지팬을 만들 때 중요한 점은 색을 착색하는 것에 신경을 많이 써야 한다.
+ 단색보다는 3가지 이상의 색을 섞어 쓰는 것이 고급스러운 느낌을 표현하는게 중요하다.
+ 단색은 보통 액세서리나 포인트를 표현할 때 사용한다.
+ 색을 들여 마지팬을 만들 때는 진한 색보다는 연한 아이보리색 톤을 사용하여 먹고 싶다는 충동이 일어날 수 있게 색감과 질감을 표현하는게 중요하다.

| 커버링 |

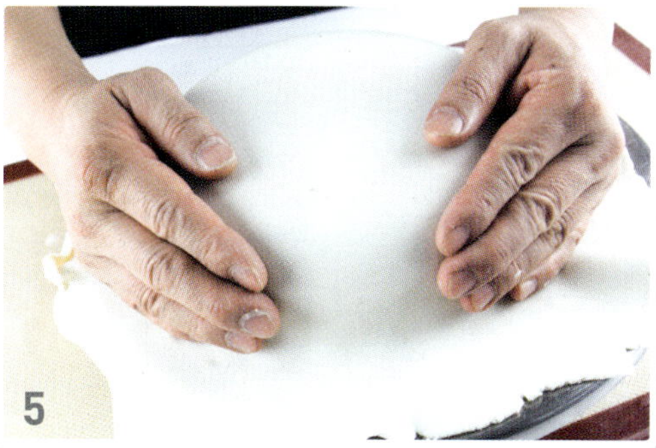

1 마지팬 반죽을 밀대로 민다.
2 마지팬 반죽을 얇게 편다.
3 마지팬 시트를 돔 형태로 자른 다음 윗면에 살구 잼을 얇게 발라준다.
4 마지팬 시트에 반죽을 덮어준다.
5 반죽으로 시트를 감싸면서 모양을 잡아준다.
6 시트 밑 부분을 마지팬 칼로 잘라 정돈해준다.
7 완성된 모습

CRAFTS

장미꽃

장미 꽃

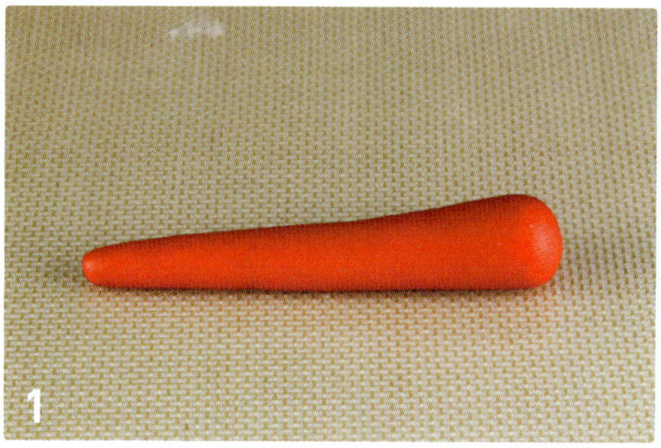

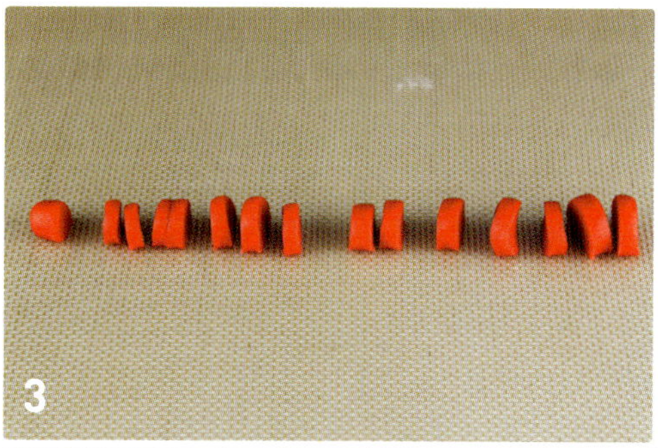

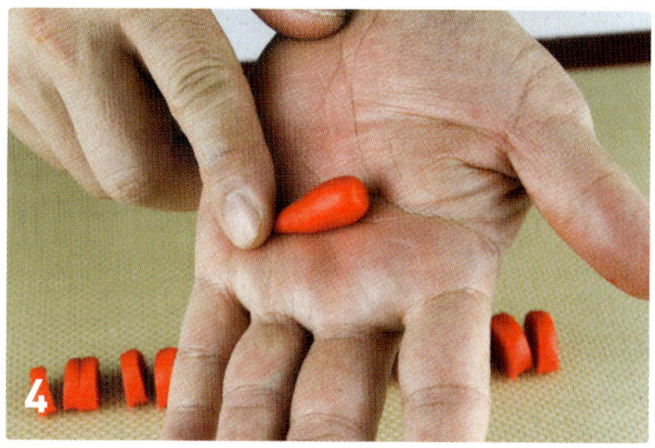

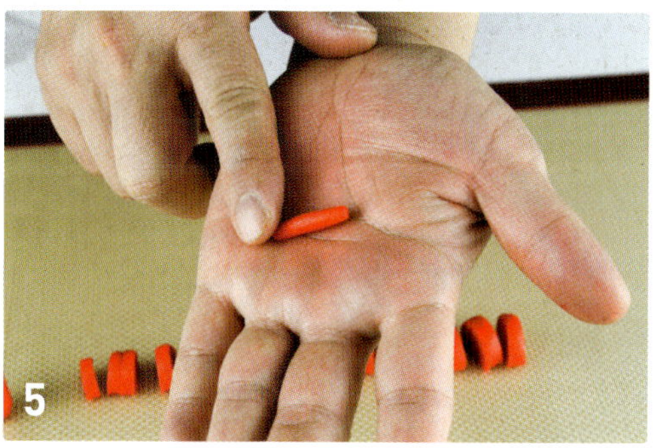

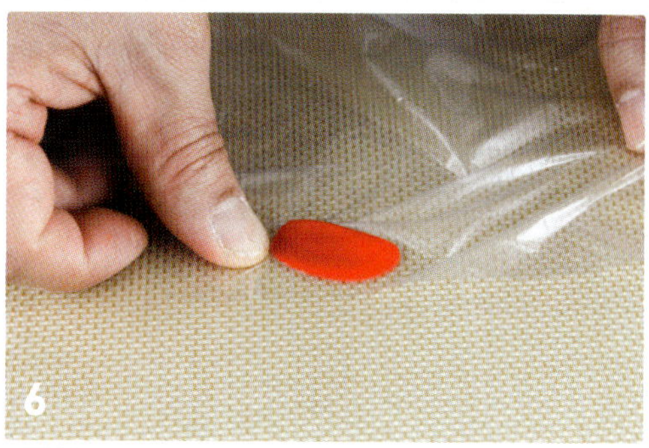

1 착색한 반죽을 한쪽은 두껍게 만들며 점점 얇게 민다.
2 마지팬 도구로 자른 모양
3 안쪽 잎 4개, 중간 잎 3개, 바깥 잎 7개로 점점 커진다.(왼쪽부터)
4 장미 심지 만들기
5 장미 첫 잎 만들기
6 비닐을 이용하여 한쪽 끝을 얇게 편다.

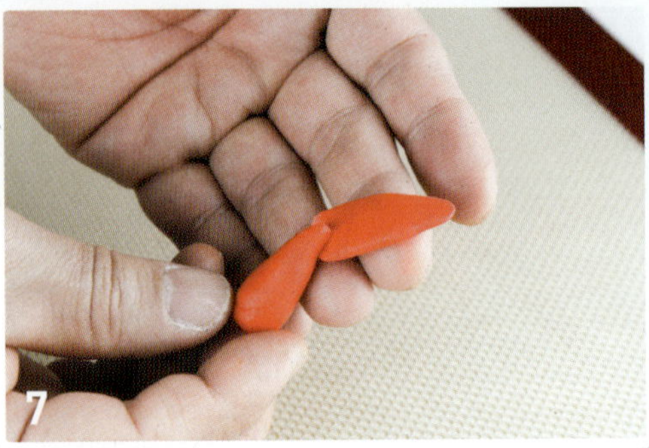

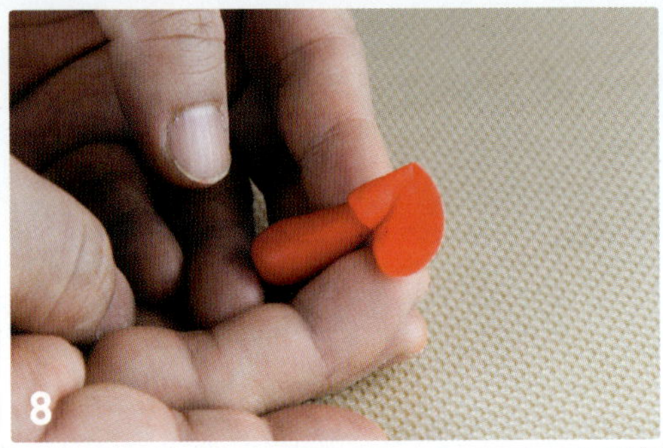

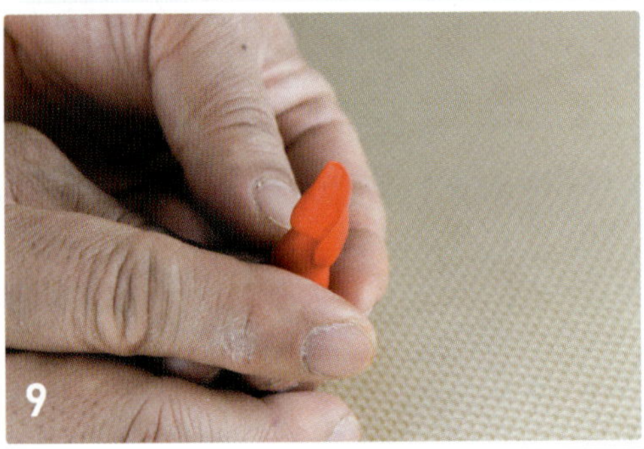

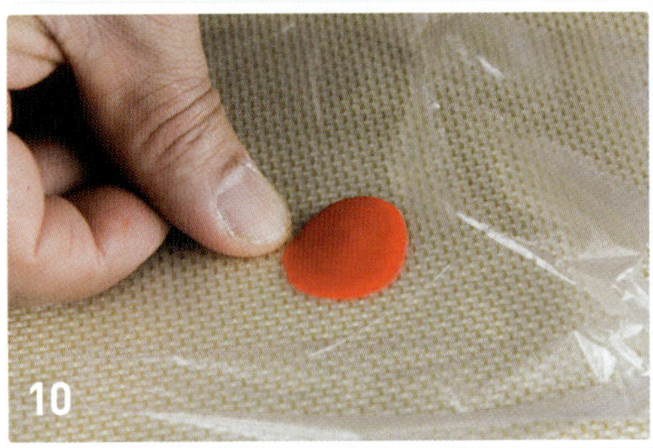

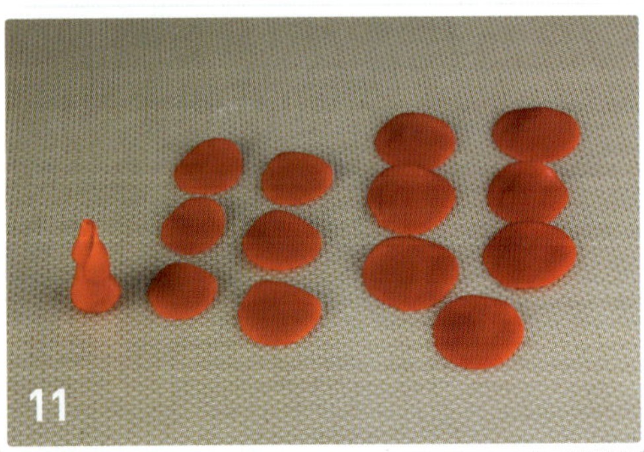

7 꽃 심지와 엄지손가락으로 밀어 편 첫 잎이 일직선이 되게 붙인다.
8 시계방향으로 만다.
9 시계방향으로 만 형태
10 꽃잎의 한쪽 끝을 얇게 편다.
11 꽃잎의 한쪽 끝을 편 모습.
12 꽃잎을 앞쪽으로 오므린다.

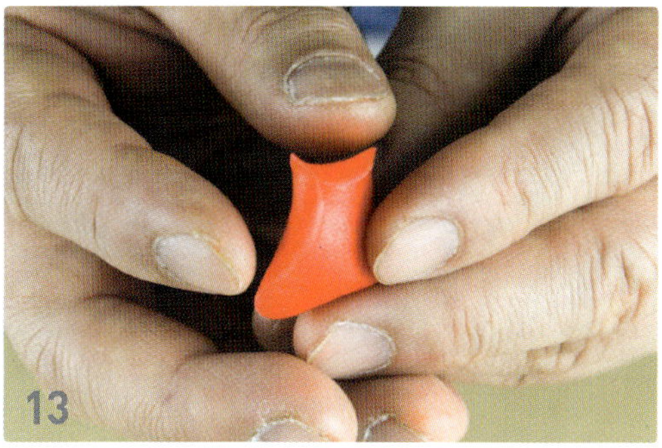

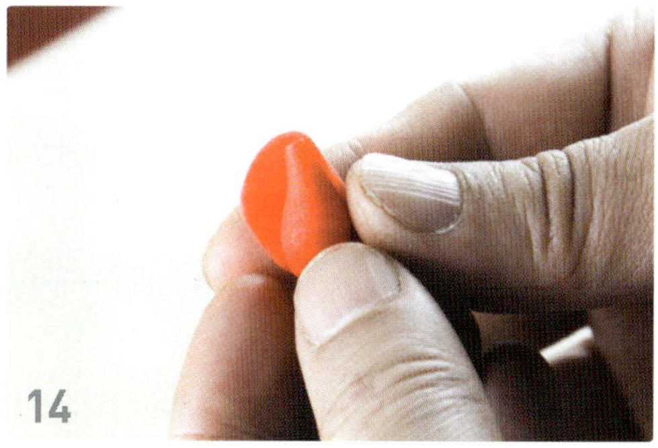

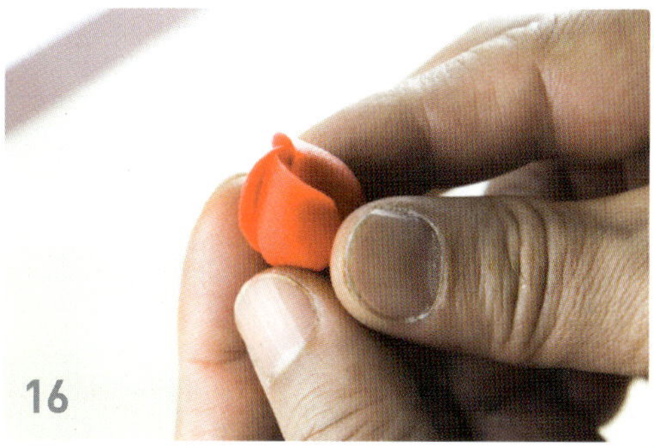

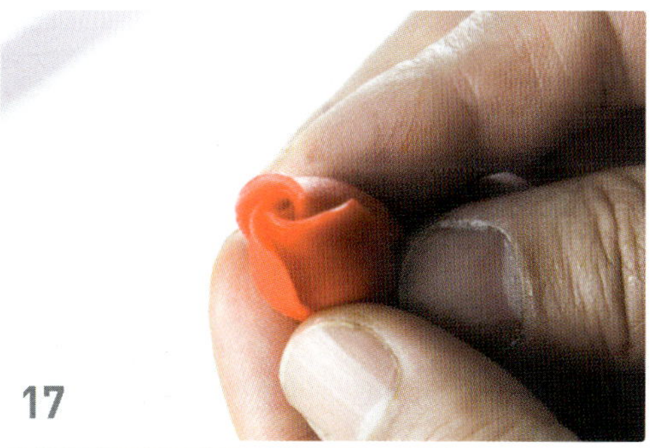

13 꽃잎의 모양 잡기 (바깥쪽으로 꺾는다.)
14 첫 번째 잎 붙이기
15 두 번째 잎 붙이기
16 세 번째 잎을 십자 모양으로 붙인다.
17 안쪽의 마지막 장을 붙인 모습
18 끝부분을 약간 휘게 한다.

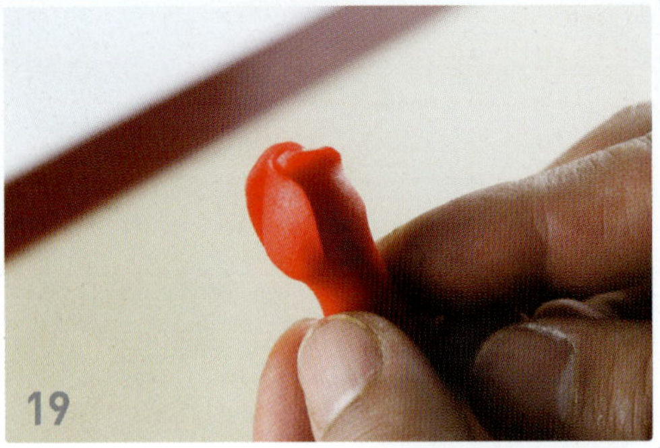

19 옆에서 본 모습
20 중간 부분 꽃잎 붙이기
21 바깥 부분 첫 꽃잎 붙인 모습
22 바깥 부분 네 꽃잎 붙인 모습
23 완성된 장미꽃 모습
24 옆면 모습

장미 잎사귀

1 녹색으로 착색한 반죽을 도구를 이용해 찍은 모습과 형태를 만든 모습
2 비닐을 이용하여 한 쪽 끝을 얇게 편다.
3 도구를 이용하여 모양을 낸다.
4 장미꽃에 붙인 모습.
5,6 완성된 여러 가지 색상의 장미꽃

CRAFTS

수박

수박

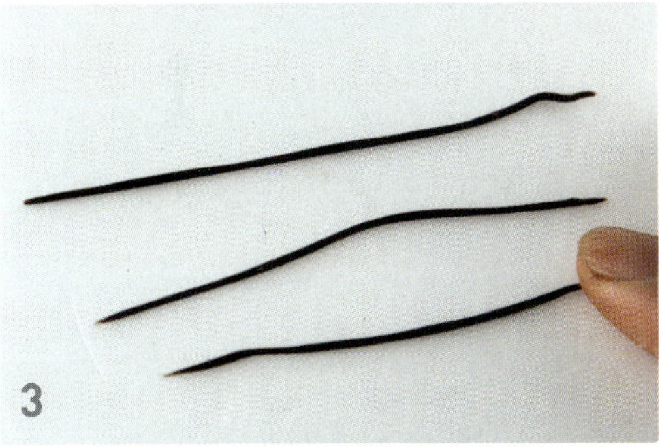

1 두 반죽을 겹친다.
2 같이 밀어준다.
3 검은색 반죽을 이용하여 수박줄 무늬를 만든다.
4 2번 반죽에 얹어준다.
5 밀대로 같이 밀어준다.
6 빨간색 반죽으로 수박 속을 만들어 얹어준다.

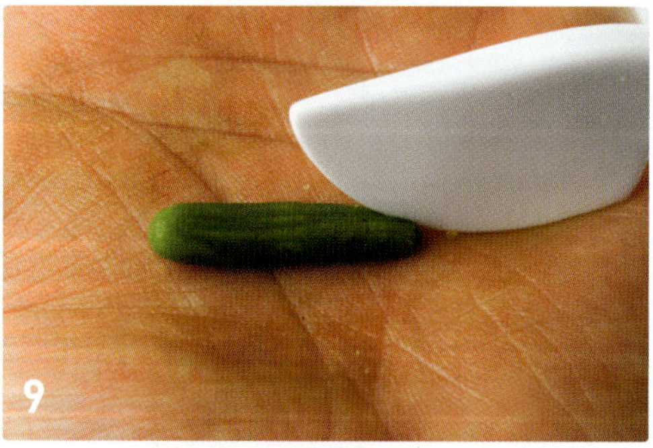

7 감싸준 후 남은 부분을 잘라준다.
8 둥글리기 하여 정리해준다.
9 스틱을 이용하여 수박 꼭지를 만들어 준다.

10

11

12

10 스틱을 이용하여 넝쿨과 잎을 만들어 준다.
11 완성된 모습.
12 완성된 모습 2. 자른 수박에 수박씨를 붙여주면 좀 더 리얼하게 표현된다.

CRAFTS

귤

귤

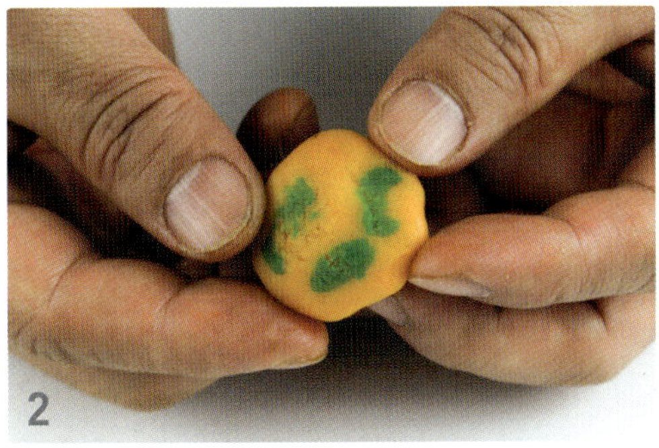

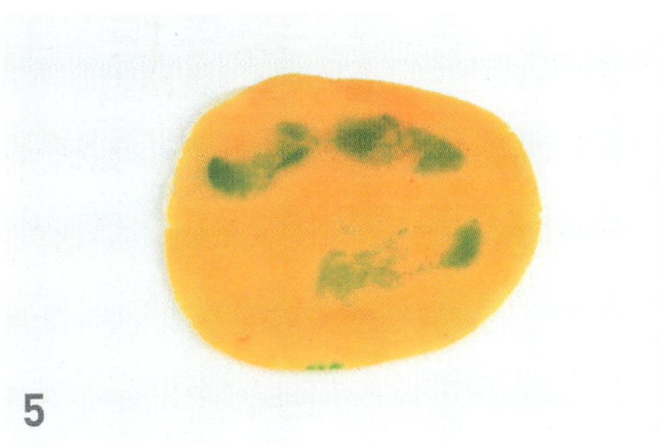

1 착색한 마지팬 준비
2 오렌지 색상의 반죽에 초록색 반죽을 덧붙인다.
3 오렌지 반죽에 흰 반죽을 덧붙인다.
4 밀대로 얇게 편다.
5 밀어 펴고 뒤집은 모습
6 볼록한 판위에 얇게 편다.

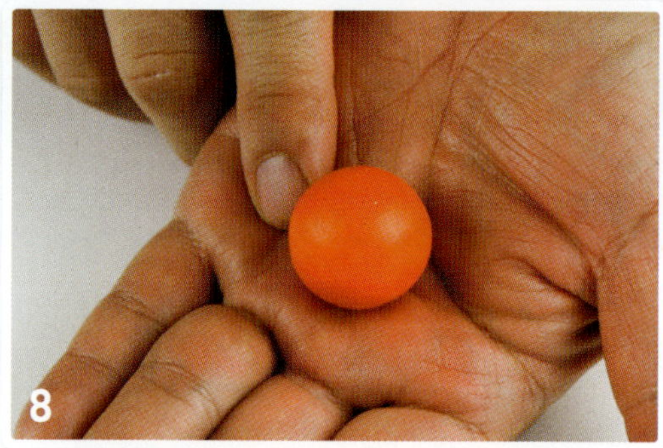

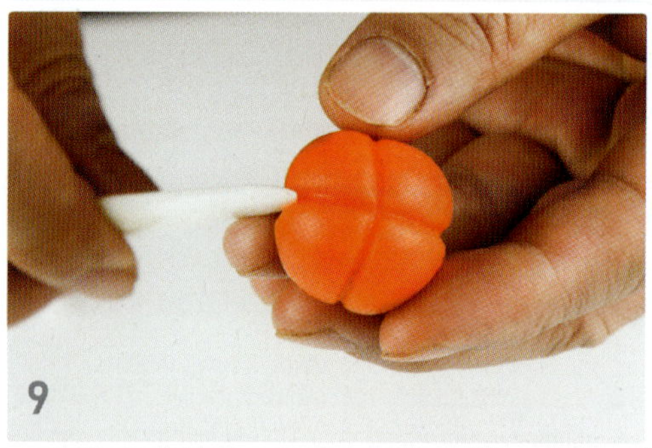

7 얇게 펴서 뒤집은 모습.
8 주황색 속 반죽
9 스틱으로 모양 잡는다.
10 슈거파우더를 반죽의 반쪽만 묻힌다.
11 밀어 편 반죽에 10을 뒤집어 넣는다.
12 감싼다(감싸고 남은 반죽은 가위로 자른다).

13 감싸고 뒤집은 모습.
14 겉껍질 부분을 얇게 자른다(십자로).
15 겉껍질 부분을 펼친다.
16 자연스럽게 모양을 잡는다.
17 완성된 귤

CRAFTS
복숭아

복숭아

1

2

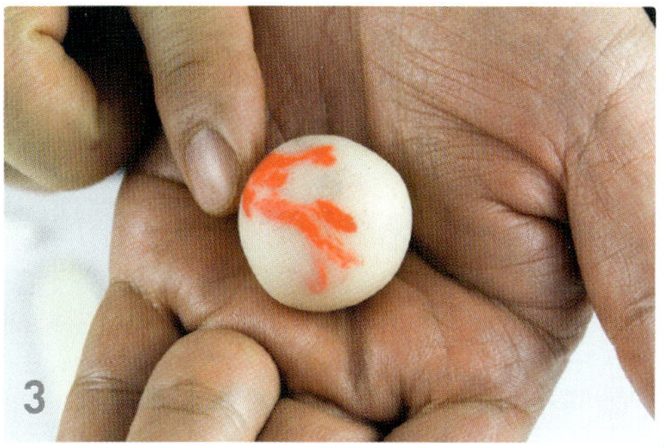
3

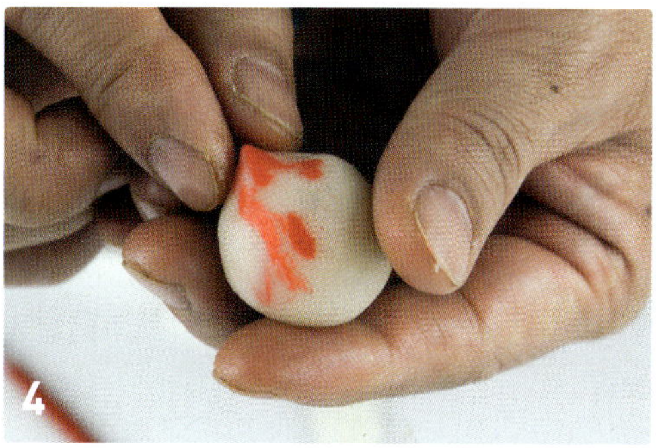
4

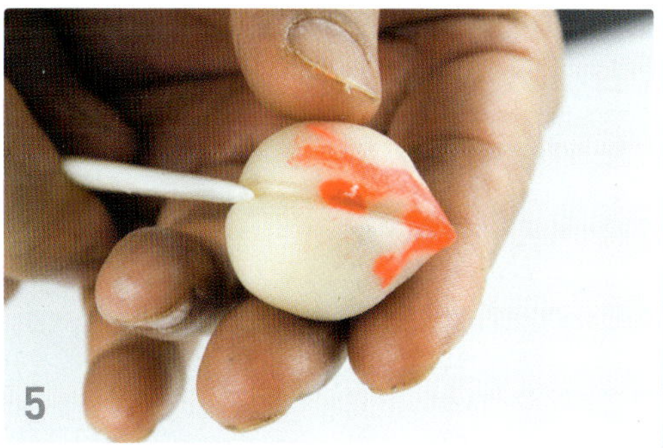
5

1 착색한 마지팬 준비
2 흰 반죽에 빨간 반죽을 덧붙인다.
3 덧붙인 반죽을 둥글리기 하여 모양을 잡는다.
4 한쪽 끝을 뾰족하게 잡는다.
5 스틱을 이용하여 모양을 잡는다.

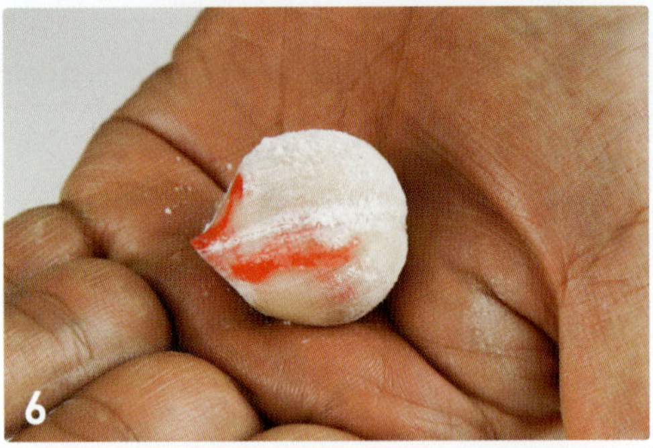

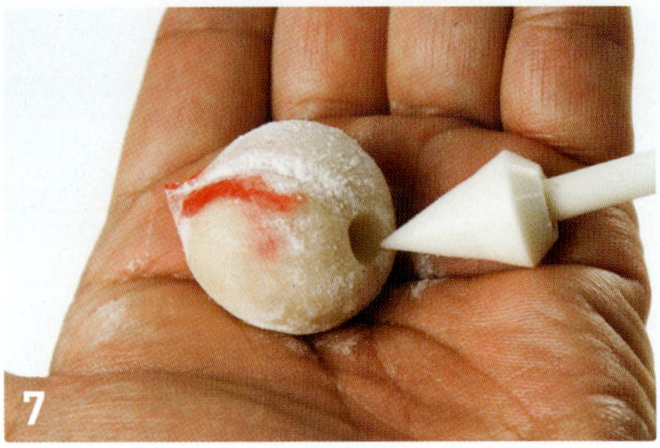

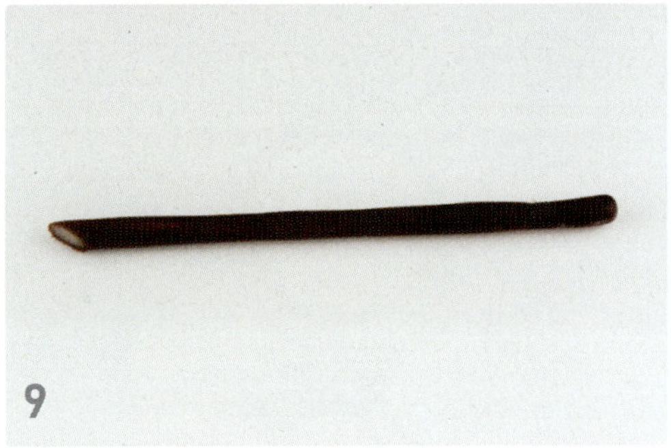

6 모양 잡은 반죽에 슈거파우더를 묻힌다.
7 밑 부분에 스틱을 이용하여 구멍을 낸다.
–나뭇가지 만들기–
8 검은색 반죽 위에 흰 반죽을 덧붙인다.
9 둥글리기 하여 길게 밀어 편다.
10 스틱으로 비스듬하게 자른다.

11 흰자를 바른 다음 나뭇가지 형태를 만든다.
12 나뭇잎 만들기
13 도구를 이용하여 모양을 낸다.
14,15 완성된 복숭아

CRAFTS
바나나

바나나

1 착색한 마지팬 준비
2 노란색 반죽 위에 흰색 반죽을 덧붙인다.
3 밀대로 얇게 편다.
4 얇게 핀 반죽 위에 속 반죽을 슈거파우더에 묻혀 올린다.
5 계란 흰자를 속 반죽 주위에 바른다.
6 겉에 반죽을 씌운 후 덮어서 스틱으로 자른다.

7

8

9

10

11

7 바나나 형태를 잡는다.
8 스틱으로 바나나 껍질만 자른다.
9 자른 부분을 펼친다.
10 붓을 이용하여 커피 진액으로 자연스럽게 표현한다.
11 완성된 바나나

여러 형태의 과일

1 레몬
2 참외
3 여러가지 과일들
4 양배, 사과

CRAFTS

토끼

토끼

1 착색한 마지팬을 준비한다.
2 흰 반죽을 밀어 편다.
3 반죽 위에 덧붙인다.
4 둥글리기 해서 만든다.
5 물방울 형태로 만든다.
6 다리 부분을 만든다.

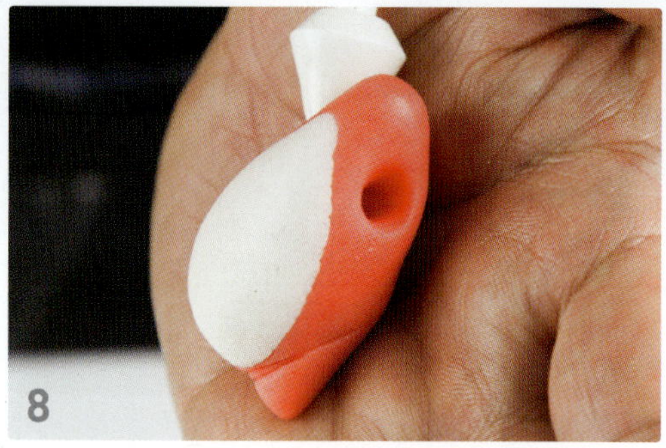

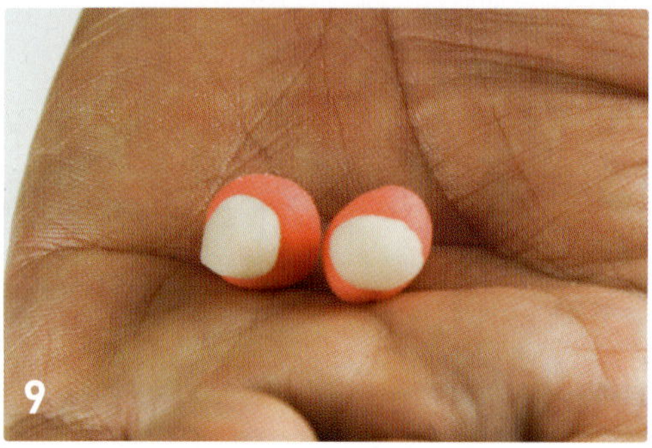

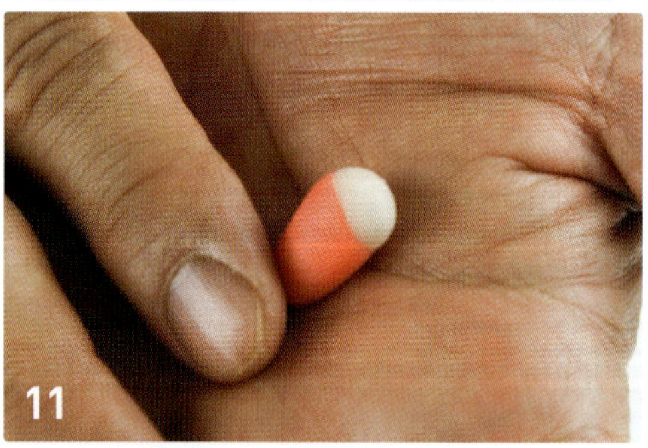

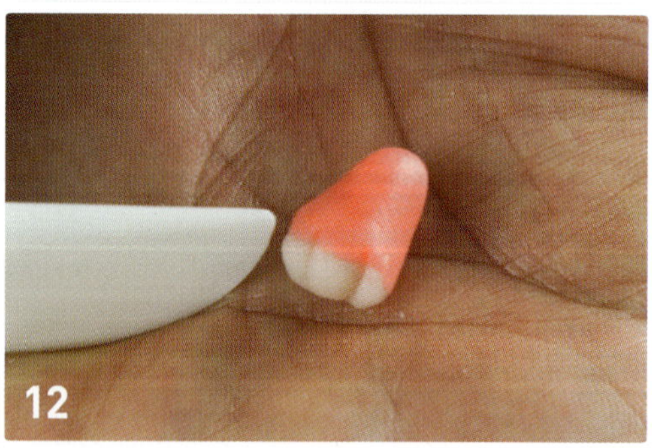

7 스틱을 이용하여 모양을 낸다.
8 팔 부분을 스틱으로 구멍을 낸다.
9 조그마한 반죽 위에 흰 반죽을 덧붙인다.
10 둥글리기 한 모습
11 한 쪽 끝을 얇게 한다.
12 스틱을 이용하여 모양을 잡는다.

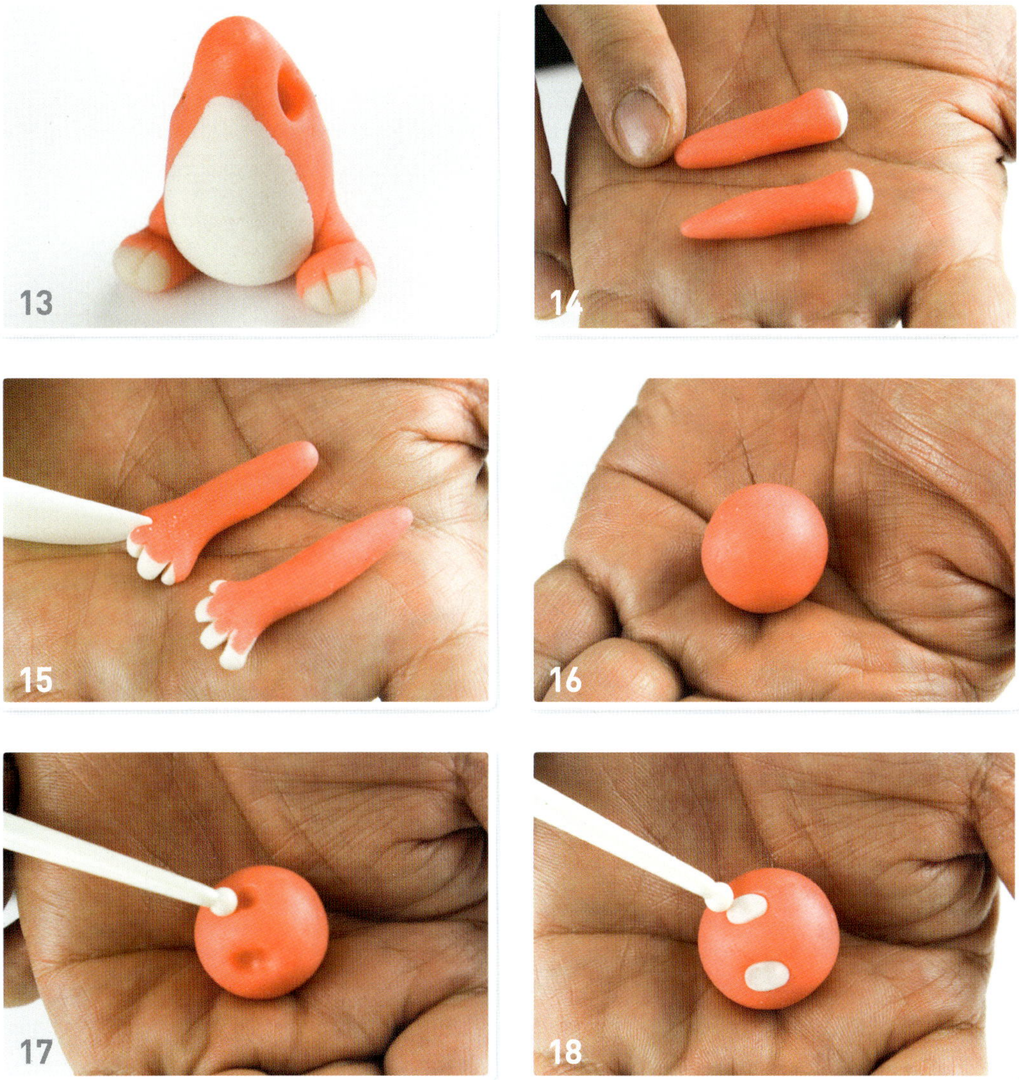

13 발을 붙인 모습.
14 착색한 반죽 밑에 흰 반죽을 덧붙인다.
15 스틱을 이용하여 모양을 잡는다.
16 머리 모양 만들기
17 스틱으로 눈 부분을 만든다.
18 눈 부분에 반죽을 덧붙인다.

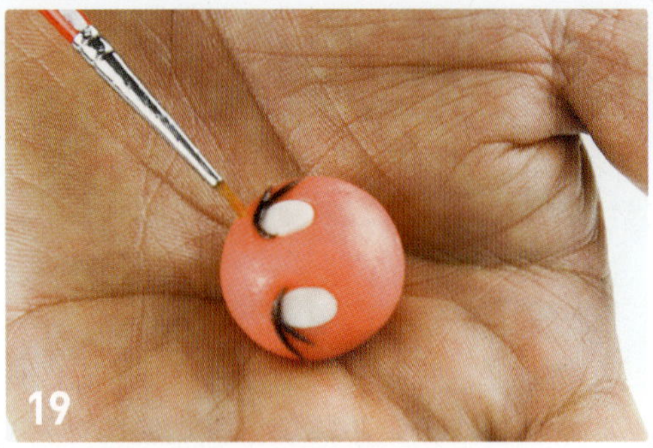

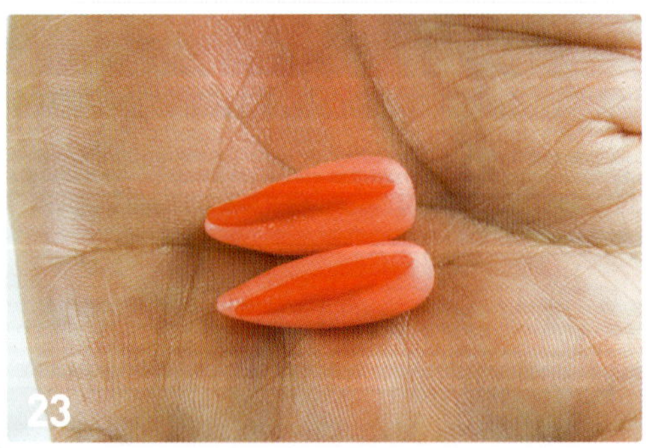

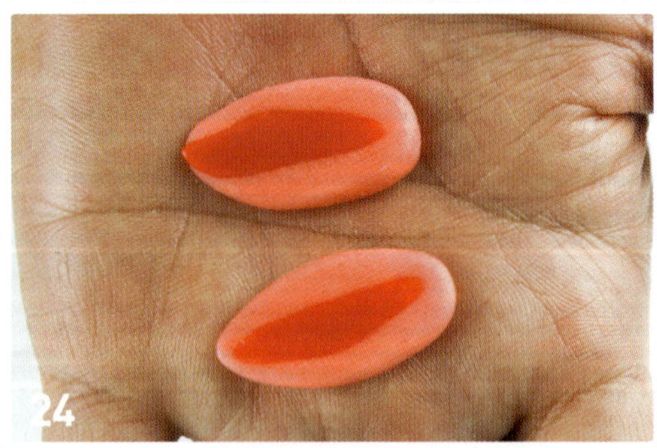

19 검은색 눈꺼풀을 흰자로 붙인다.
20 콧수염을 만든다.
21 붙인 모습
22 귀 부분에 스틱으로 구멍을 누른다.
23 형태를 잡은 반죽 위에 얇게 민 반죽을 덧붙인다.
24 덧붙인 반죽과 함께 밀어 편다.

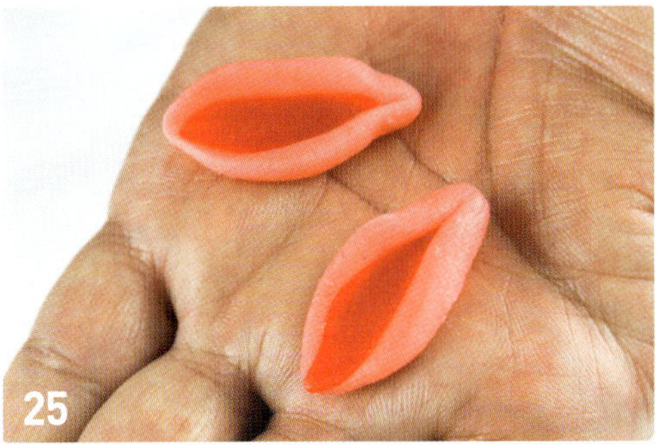

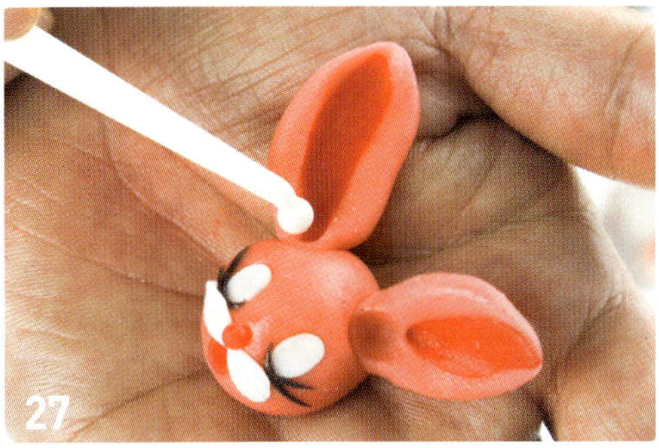

25 밑 부분을 접어 모양을 잡는다.
26 팔을 끼워 모양을 잡는다.
27 귀 부분을 홈에 끼운다.
28 완성된 모습.
29 체를 이용하여 반죽을 뺀 다음 꼬리 모양을 잡아준 후 붙인다.
30 완성된 토끼

CRAFTS
팬더

팬더

1 착색한 반죽을 준비한다.
2 흰 반죽 위에 착색한 반죽을 덧붙인다.
3 둥글리기 한 다음 물방울 모양으로 만든 후 다리 부분을 만든다.
4 도구를 이용하여 다리 형태를 만든다.
5 둥글리기 한 흰 반죽 위에 검은색 반죽을 모양을 만들고 덧붙여 둥글리기 한다.
6 스틱으로 눈 부분을 누른다.

7 쌍꺼풀을 만든 후 눈동자를 집어넣는다.
8 코 모양을 잡은 모습
9 검은색 반죽을 둥글리기 하여 코를 만들어 붙인다.
10 도구를 이용하여 입 모양을 만든다.
11 검은색 반죽으로 팔과 발, 귀를 만들어 놓은 모습.
12 얼굴에 귀 모양을 붙인다.

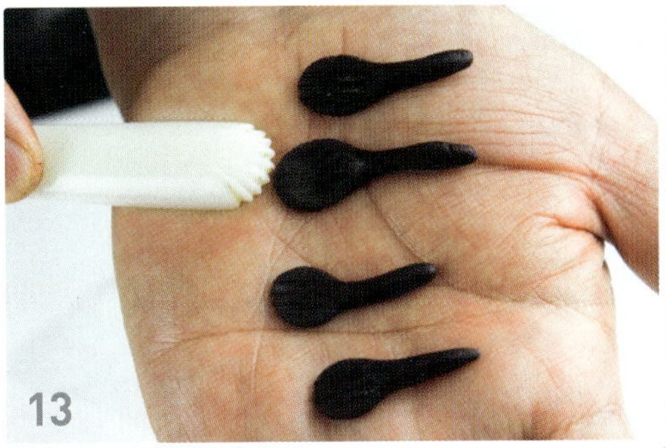

13 다리 모양을 도구를 이용하여 모양을 낸다.
14 몸 부분에 팔과 다리를 붙인 모습.
15 완성된 모습.
16 꼬리는 검은색 반죽으로 붙인다.
17 완성된 팬더

CRAFTS

돼지

돼지

1 두 반죽을 겹쳐 놓는다.
2 겹쳐놓은 반죽을 둥글리기 한 다음, 모양을 잡은 다음, 스틱으로 가운데 부분을 잘라준다.
3 2번 반죽 끝부분에 반죽을 덧붙인다.
4 스틱으로 모양을 내준다.
5 밀어 편 반죽에 스틱으로 모양을 내준다.
6 몸통에 발을 붙여준다.

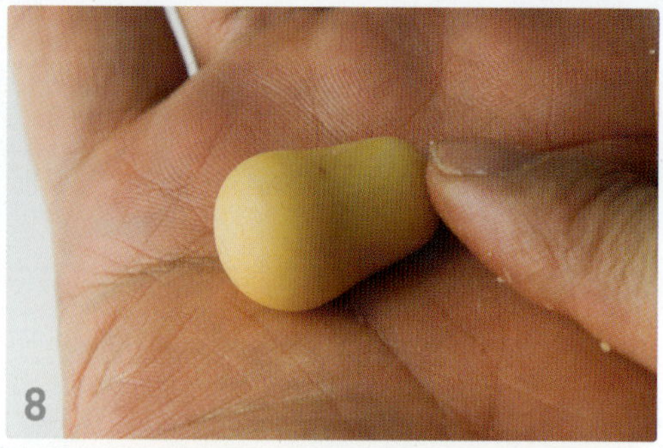

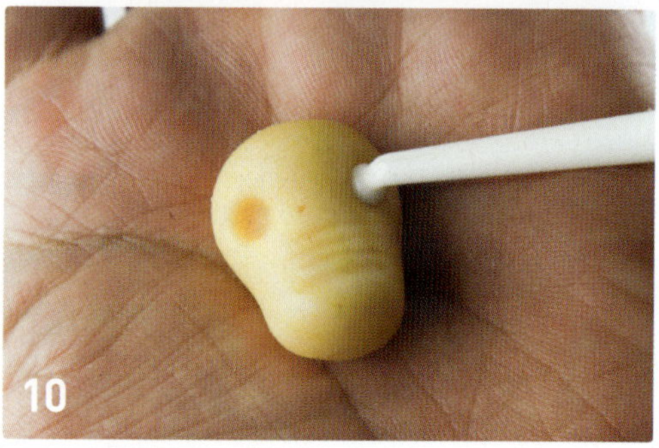

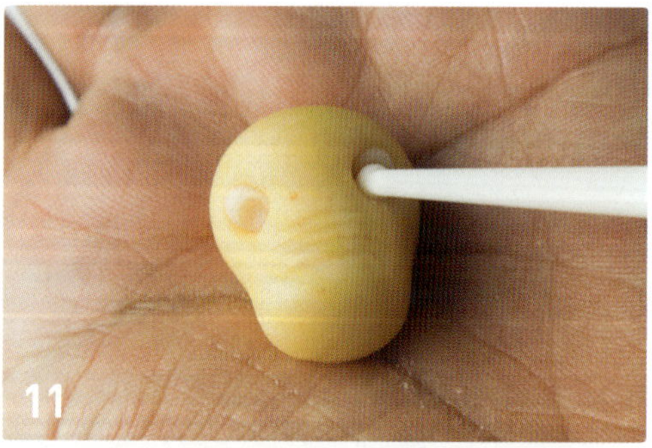

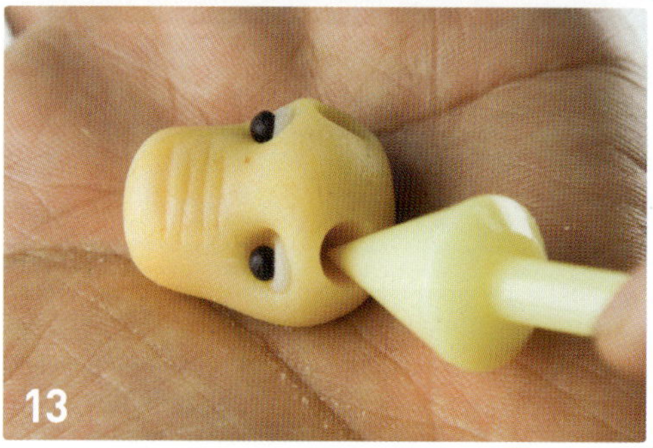

7 반죽을 둥글리기 한다.
8 반죽을 밀어 얼굴 모양을 잡아준다.
9 스틱으로 주름을 내준다.
10 스틱으로 눈동자가 들어갈 자리를 만든다.
11 눈 부분에 반죽을 넣은 후 스틱으로 눌러 쌍꺼풀을 만든다.
12 눈동자를 넣어준다.
13 눈 윗부분에 스틱으로 귀가 들어갈 자리를 만들어 준다.

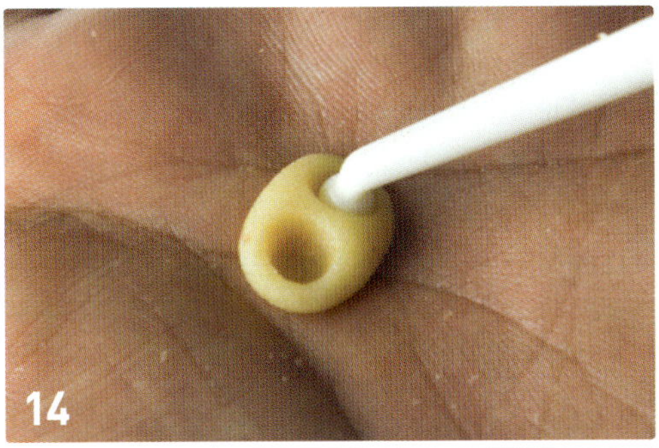

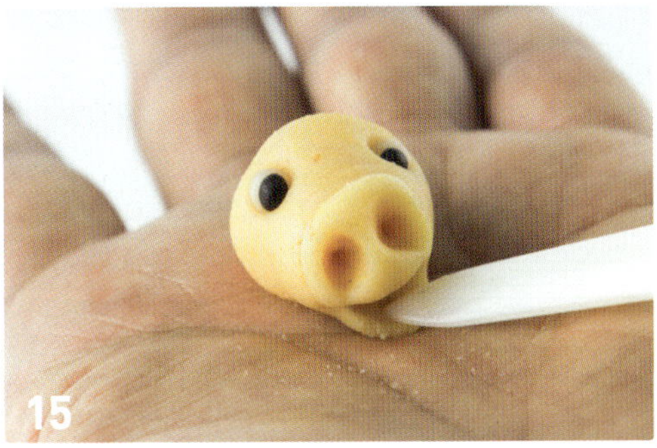

14 반죽으로 코를 만들어 준다.
15 코를 붙인 후 스틱으로 입을 만들어 준다.
16 귀가 될 두 반죽을 준비한다.
17 반죽을 비닐로 덮은 후 한쪽 끝을 얇게 민다.
18 스틱으로 가운데 부분을 눌러 모양을 잡는다.
19 얼굴에 귀를 붙여준다.
20 완성 된 모습

CRAFTS

말

말

1

2

3

4

5

6

1 두 반죽을 겹쳐 놓는다.
2 두 반죽을 겹쳐 둥글리기 한다.
3 둥글리기 반죽을 모양을 잡은 다음 스틱으로 무늬를 내준다.
4 몸통에 스틱으로 팔이 들어갈 자리를 만들어 준다.
5 두 반죽을 끝이 뾰족하게 만들어 놓는다.
6 반죽에 비닐을 덮어 한쪽 끝을 얇게 밀어 편다.

7 스틱으로 발 모양을 잡는다.
8 몸통에 발을 붙여준다.
9 두 반죽을 겹쳐 둥글리기 한다.
10 9번 반죽을 고구마 형태로 만든다.
11 한쪽 끝을 눌러 준 다음 스틱으로 모양을 잡는다.
12 몸통에 팔을 끼워준다.

13 반죽을 둥글리기 한다.
14 얼굴 모양을 잡아준다.
15 눈이 들어갈 자리를 만들어 준다.
16 눈 부분에 반죽을 넣은 후 스틱으로 눌러 쌍꺼풀을 만들어 준다.
17 코 모양을 만든 후 붙여준다(돼지 14번 참고).
18 귀가 될 두 반죽을 준비한다.

19 반죽을 비닐로 덮은 후 한쪽 끝을 얇게 민다.
20 스틱으로 가운데 부분을 눌러 모양을 잡는다.
21 얼굴에 귀를 붙여준다.
22 적당량의 반죽을 체에 내려 말갈기를 만들어 준다.

23

24

25

26

23 얼굴에 갈기를 붙인다.
24 반죽을 길게 밀어 한쪽 끝을 얇게 누른다.
25 스틱으로 모양을 낸다.
26 완성된 모습

CRAFTS

소

소

1 두 반죽을 겹쳐 놓는다.
2 두 반죽을 겹쳐 둥글리기 한다.
3 둥글리기 반죽을 모양을 잡은 다음 스틱으로 무늬를 내준다.
4 몸통에 스틱으로 팔이 들어갈 자리를 만들어 준다.
5 반죽에 비닐을 덮어 한쪽 끝을 얇게 민다.
6 스틱으로 발 모양을 잡는다.

7 몸통에 발을 붙여준다.
8 몸통에 스틱으로 팔이 들어갈 자리를 만들어 준다.
9 두 반죽을 겹쳐 둥글리기 한다.
10 두 반죽을 끝이 뾰족하게 만들어 놓는다.
11 한쪽 끝을 눌러준다.
12 스틱으로 끝부분 모양을 낸다.

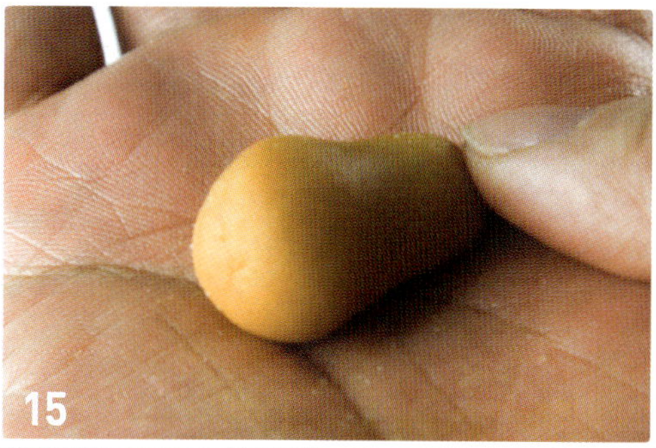

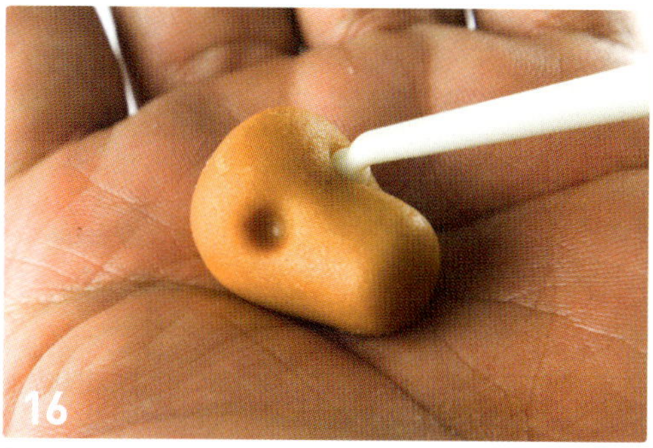

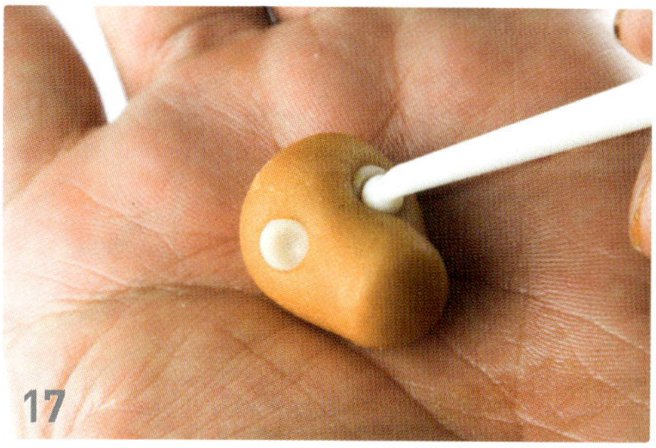

13 몸통에 팔을 붙인다.
14 반죽을 둥글리기 한다.
15 얼굴 모양을 잡아준다.
16 눈이 들어갈 자리를 만들어 준다.
17 눈 부분에 반죽을 넣은 후 스틱으로 눌러 쌍꺼풀을 만들어 준다.
18 눈동자를 붙인다.

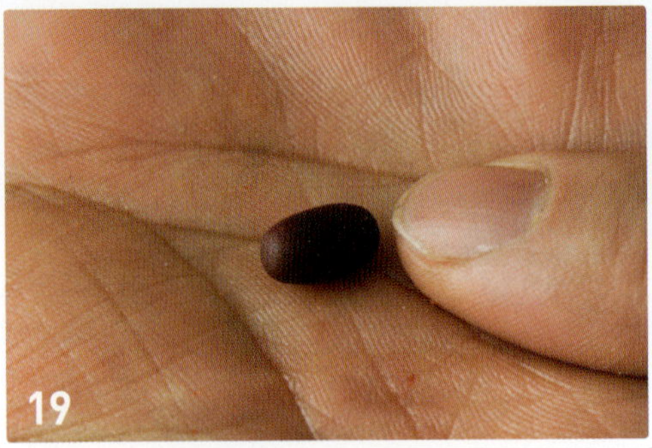

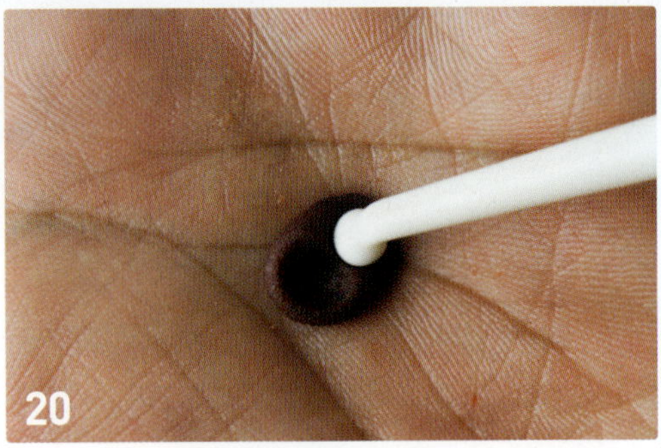

19 코가 될 반죽을 준비한다.
20 코 모양을 만든다.
21 코를 붙인다.
22 입을 만든다.
23 눈 윗부분에 스틱으로 귀가 들어갈 자리를 만들어 준다.
24 귀와 뿔을 만든다.

25

26

27

28

29

25 스틱으로 가운데 부분을 눌러 모양을 잡는다.
26 얼굴에 뿔과 귀를 붙인다.
27 혀를 만들어 붙인다.
28 꼬리를 만들어 붙인다(11~12 응용).
29 완성된 모습

CRAFTS

쥐

쥐

1 두 반죽을 겹쳐 놓는다.
2 두 반죽을 겹쳐 둥글리기 한다.
3 겹친 반죽을 밀어 물방울 모양으로 만든다.
4 스틱을 이용하여 잘라 팔을 만든다.
5 4번에 스틱으로 손 모양을 만든다.
6 마지팬 스틱으로 발 윗부분의 모양을 내준다.

7 반죽 2개를 삼각형 모양으로 만들어 발을 만든다.
8 몸통에 붙인다.
9 얼굴 부분 반죽을 준비한다.
10 반죽을 밀어 펴 얼굴 형태를 만든다.
11 둥근 스틱으로 눈이 들어갈 자리를 만든다.
12 눈 부분에 반죽을 넣은 후 스틱으로 눌러 흰자를 만들어 준다.

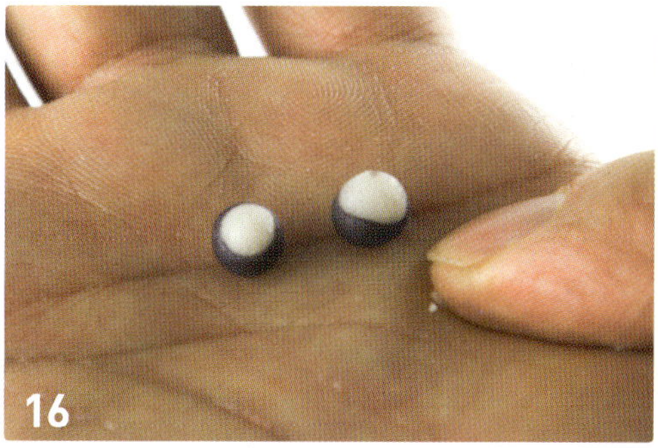

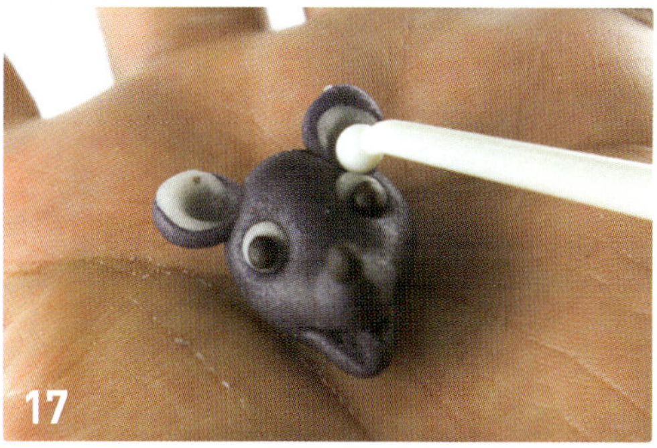

13 눈동자를 넣는다.
14 가위로 잘라 입을 만든다.
15 코를 만들어 붙인다.
16 두 반죽을 둥글리기 해 귀 반죽을 만든다.
17 스틱으로 가운데를 눌러준 다음 귀를 붙인다.
18 흰 반죽을 얇게 밀어 수염을 만든 후 붙인다.
19 완성된 모습

CRAFTS

원숭이

원숭이

1 두 반죽을 겹쳐 놓는다.
2 두 반죽을 둥글리기 한다.
3 둥글리기 한 반죽을 길게 밀어 편 다음 스틱으로 가운데를 자른다.
4 3번에 스틱으로 손 모양을 만들어 준다.
5 두 반죽을 겹쳐 둥글리기 한다.
6 두 개의 반죽을 밑으로 갈수록 가늘게 밀어준다.

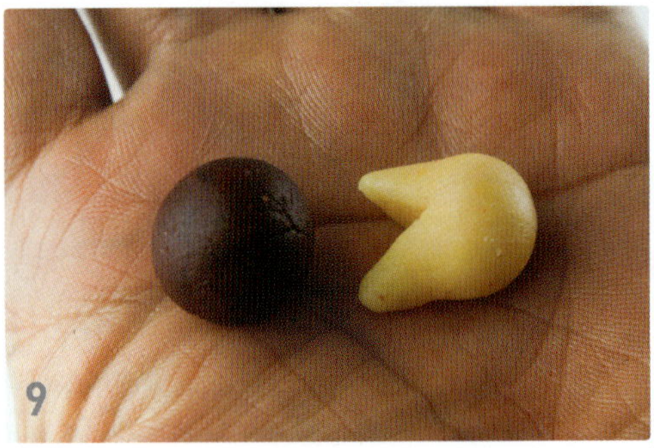

7 통통한 부분을 얇게 밀어준 다음 스틱으로 발을 만들어 준다.
8 몸통 부분에 다리를 붙여준다.
9 얼굴이 될 반죽을 만들어 놓는다.
10 두 반죽을 겹쳐놓는다.
11 스틱으로 입술 모양을 만든다.
12 둥근 스틱으로 눈이 들어갈 자리를 만든다.

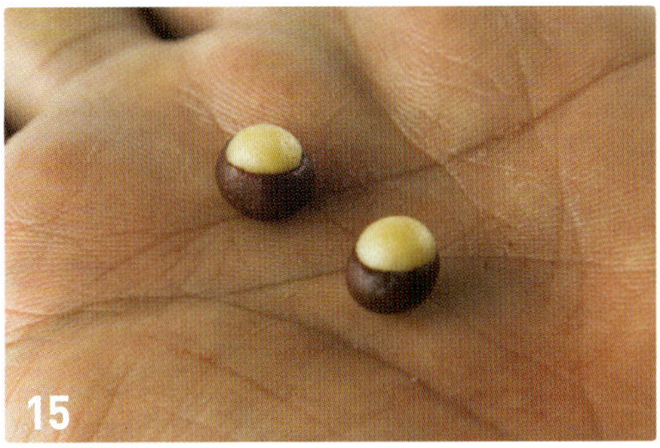

13 눈 부분에 반죽을 넣은 후 스틱으로 눌러 흰자를 만들어 준다.
14 눈동자를 넣는다.
15 두 반죽을 겹쳐 둥글리기 한다.
16 15번 반죽을 눌러 귀를 만들어 붙인다.
17 머리 부분을 만들어 붙인다.
18 완성된 모습

CRAFTS

악어

악어

1 초록색, 흰색 반죽을 준비한다.
2 1번의 반죽을 겹쳐 둥글리기 한다.
3 둥글리기 한 반죽을 길게 밀어 편다.
4 몸통 모양을 잡아준다.
5 머리를 만든 후 가위로 입모양을 만들어 준다.
6 윗부분을 가위로 잘라 등 모양을 만들어 준다.

7 마지팬 스틱으로 옆면 모양을 내준다.
8 마지팬 스틱으로 배 부분의 모양을 내준다.
9 두 반죽을 겹쳐 둥글리기 한다.
10 눈꺼풀을 붙여준다.
11 코 모양을 붙인다.
12 눈동자를 붙여준다.

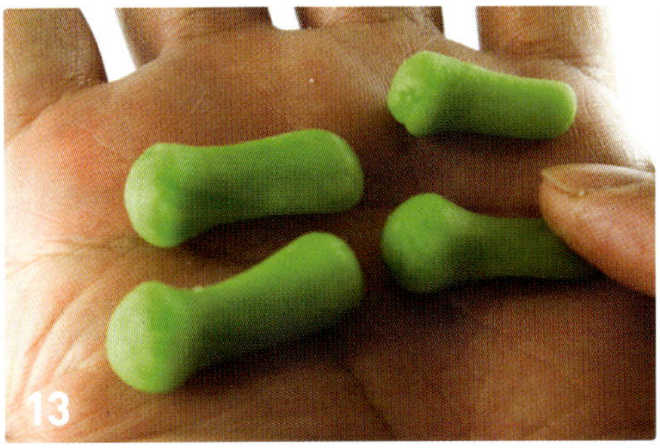

13

14

15

16

17

13 팔다리 반죽을 만들어 준다.
14 반죽의 밑 부분을 얇게 펴준다.
15 마지판 스틱으로 손, 발을 만들어 준다.
16 완성된 몸통에 발과 손을 끼어준다.
17 완성된 모습

여러 가지 형태의 동물들

1

2

3

4

1 개
2 개구리
3 곰

5

6

7

8

4,5,6,7 다람쥐
8 닭

9

10

11

12

9,10 돼지
11 말
12 사자

13

14

15

16

13 생쥐
14 악어
15 여우
16 캥거루

17,18,19 눈원숭이

20

21

22

23

20 코끼리
21 팬더곰
22 펭귄
23 호랑이

CRAFTS

신랑신부

신랑

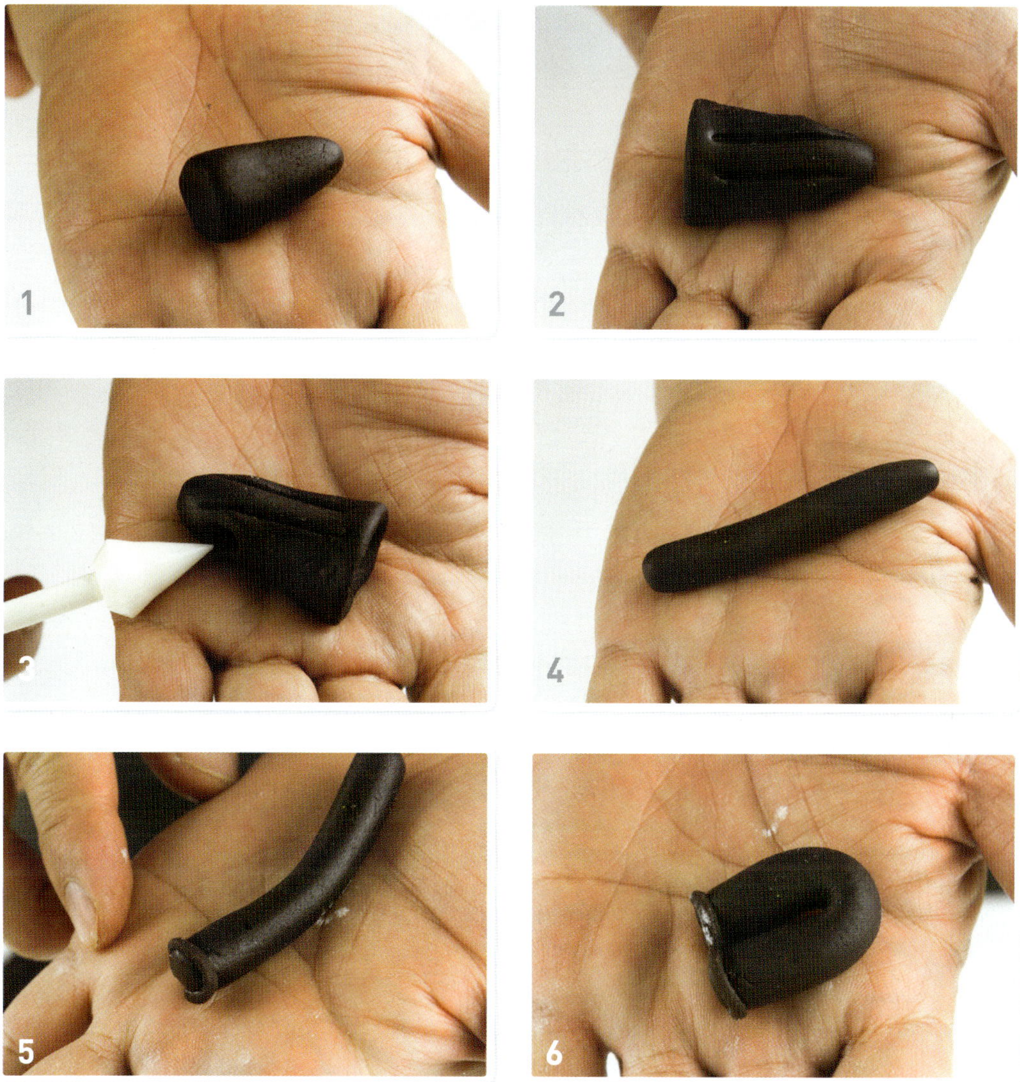

1 검은색 반죽으로 물방울 모양을 만든다.
2 도구를 이용하여 홈을 낸다.
3 팔 부분에 스틱으로 구멍을 낸다.
4 검은색 반죽을 길게 밀어 편다.
5 끝부분에 반죽을 덧붙인다.
6 양쪽 끝을 붙인다.

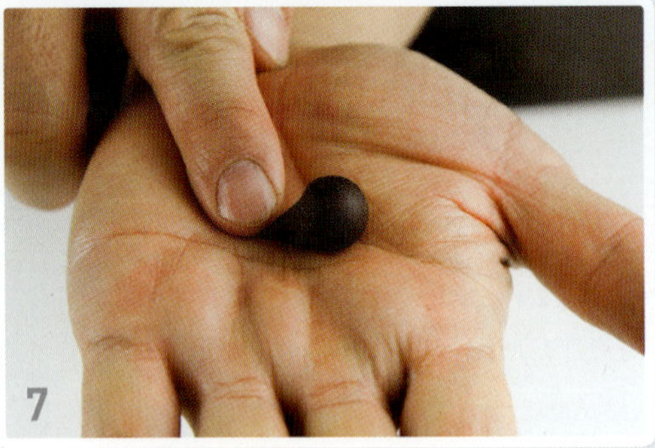

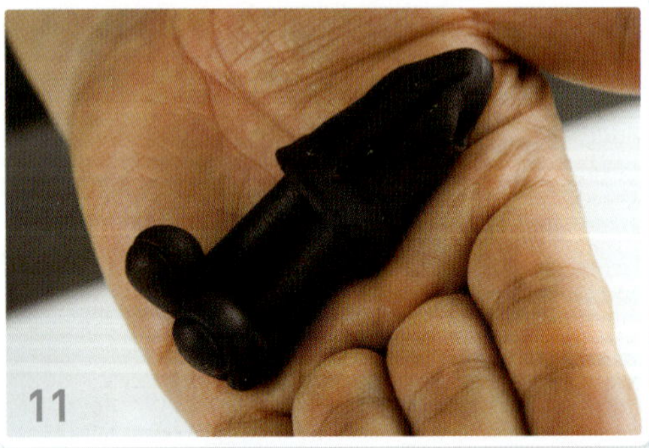

7 검은색 반죽을 둥글리기 한 다음 한쪽 끝을 뾰족하게 민다.
8 스틱으로 모양을 잡는다.
9 뒷부분에 작은 반죽을 덧붙여 스틱으로 누른다.
10 다리 부분을 붙인다.
11 몸통에 다리 부분을 붙인 모습.
12 얇게 핀 흰 반죽에 이쑤시개를 이용하여 주름을 만든다.

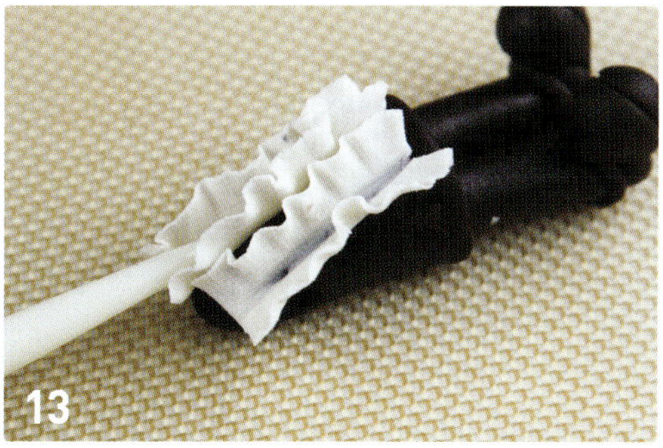

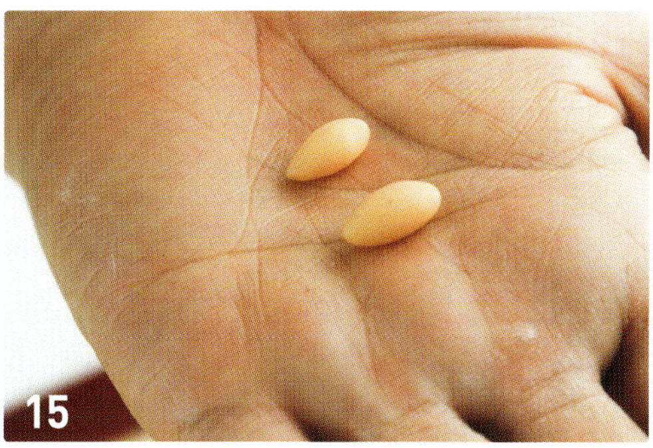

13 몸통 앞부분에 주름을 붙인다.
14 두 팔을 끼운다.
15 살색 마지팬 반죽을 작은 물방울 모양으로 만든다.
16 비닐을 이용하여 한 쪽 끝을 얇게 편다.
17 스틱을 이용하여 모양을 잡는다.
18 팔에 손을 붙인다.

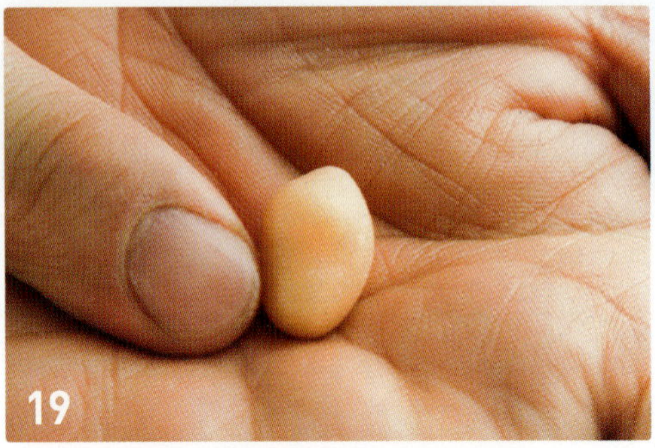

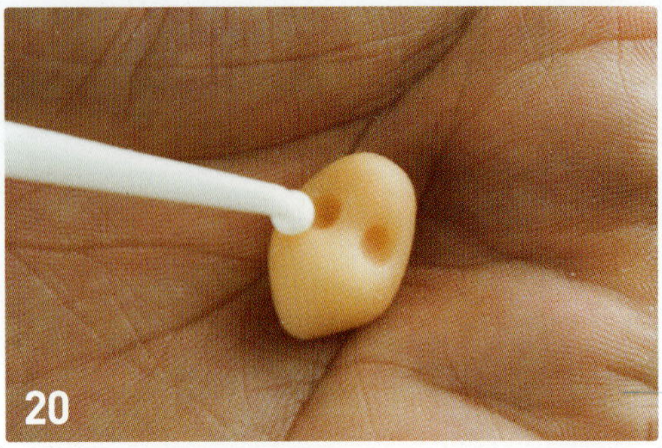

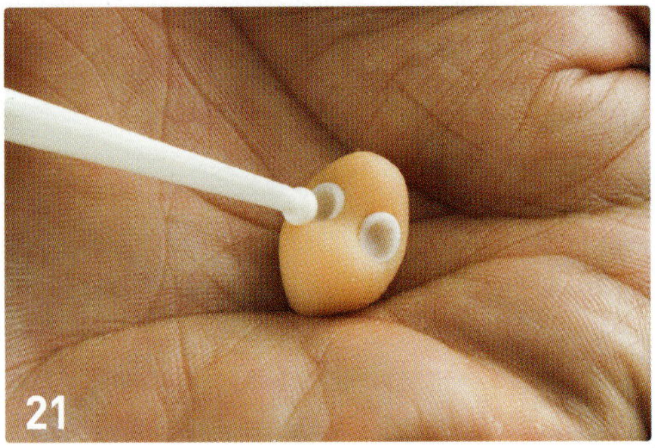

19 살색 마지팬 반죽을 둥글리기 하여 약간 밑 부분을 민다.
20 스틱을 이용하여 눈 모양을 만든다.
21 흰 반죽으로 상꺼풀을 만든다.
22 눈동자를 붙인다.
23 스틱을 이용하여 입 모양을 누른다.

24 귀를 스틱을 이용하여 붙인다.
25 얇게 밀어 편 검은색 반죽에 스틱으로 모양을 낸다.
26 머리를 붙인다.
27 몸통에 머리를 붙인다.

신부

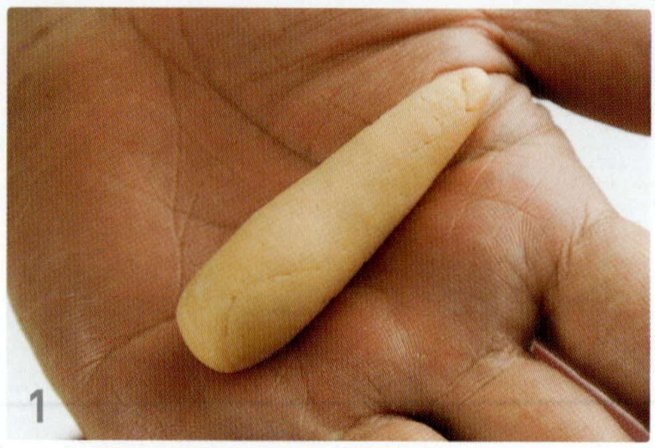

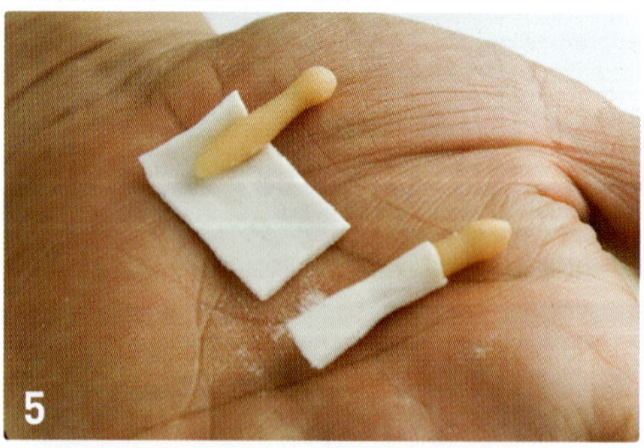

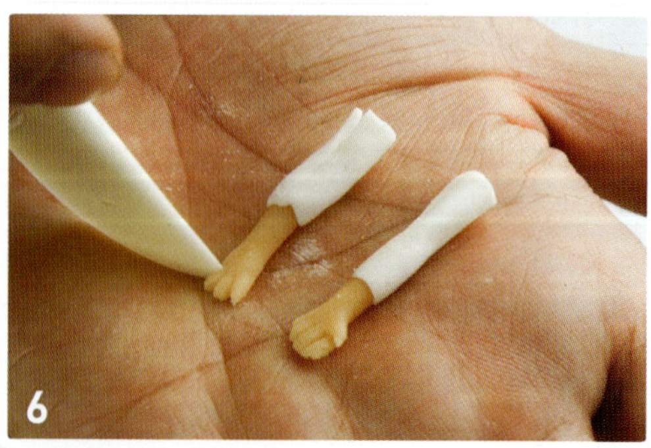

1 물방울 형태의 마지팬 반죽을 길게 늘인다.
2 얇게 핀 흰 반죽을 이쑤시개를 이용하여 주름을 한 쪽만 만든다.
3 1의 반죽에 흰 반죽을 감싸 올린다.
4 감싸 놓은 반죽에 팔 부분을 도구를 이용하여 구멍을 낸다.
5 팔 모양으로 만든 반죽에 흰 반죽을 감싼다.
6 스틱을 이용하여 손 모양을 만든다.

7

8

9

10

11

12

7 구멍을 낸 반죽(4번)에 팔 모양을 끼워서 고정한다.
8 흰 반죽을 이쑤시개를 이용하여 주름을 만든 후 팔 부분 위에 붙인 모습.
9 색 들인 반죽을 장미 모양으로 만들어 부케를 안고 있는 모습.
10,11 신부 얼굴 또한 신랑 얼굴 만드는 과정과 똑같다.
12 신랑 신부 완성된 모습.

여러가지 형태의 사람

여러가지 작품들

슈가 크래프트

슈가 크래프트

| 재료 | **커버링 반죽** 슈가파우더 500g, 물 35g, 가루젤라틴 10g, 물엿 80g, 계란흰자 1/3개, 쇼트닝 10g
플라워 반죽 슈가파우더 500g, CMC 12g, 물 35g, 가루젤라틴 10g, 물엿 50g, 계란흰자 1/3개, 쇼트닝 10g
모델링 반죽 슈가파우더 500g, CMC 5g, 물 35g, 가루젤라틴 10g, 물엿 65g, 계란흰자 1/3개, 쇼트닝 10g

반죽하기

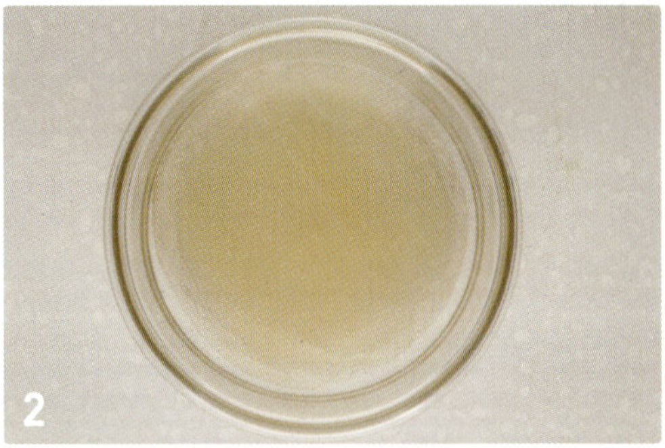

1 재료 계량하기
2 젤라틴을 냉수와 섞어둔다.
3 중탕한다.

4 중탕한 젤라틴에 물엿 + 쇼트닝을 섞어 혼합한다.
5 슈가파우더와 CMC를 혼합한다.
6 중탕한 4를 넣는다.
7 혼합물이 잘 섞이게 치댄다.
8 계란흰자와 레몬즙을 넣는다.

9 잘 치대준다.
10 완성한 반죽에 쇼트닝을 얇게 바르고 비닐팩으로 싸서 밀봉 보관 후 하루 숙성하여 사용한다.

+ 커버링

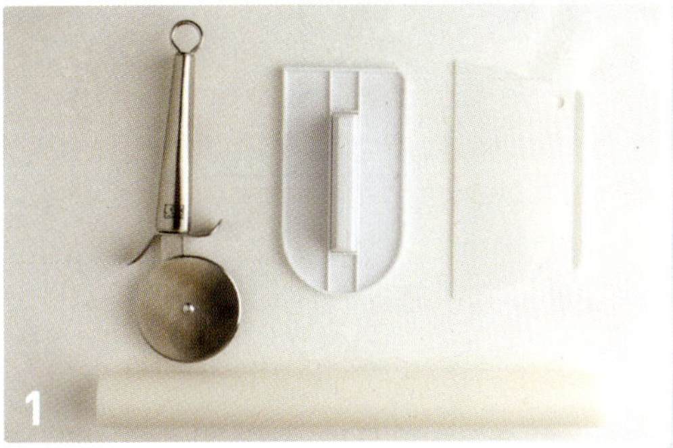

1 커버링 도구와 스티로폼을 준비한다.

2,3 사포로 윗면 모서리를 둥그스름하게 다듬어 물로 헹군다.

4 바닥에 쇼트닝을 바르고 숙성된 반죽이 부드러워지게 치댄 후 전분을 뿌리고 반죽을 밀대로 밀어 두께를 조절한다.

5 스티로폼에 물 스프레이를 하고 밀대로 반죽을 말아 씌운다.

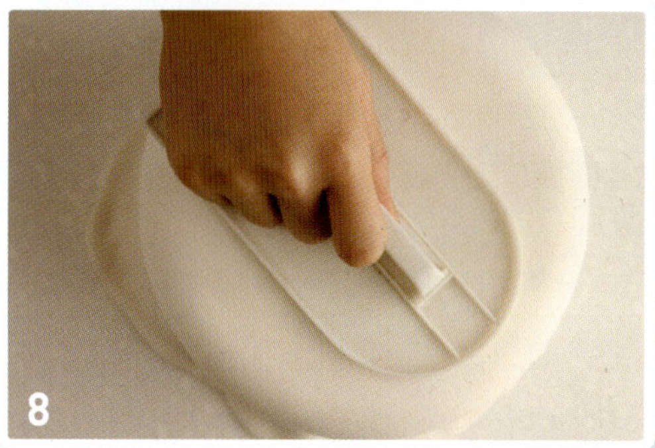

6 반죽을 밀착시켜 손바닥으로 문질러 매끈하게 한다.
7 여분의 반죽을 자른다.
8 스무더를 사용해 반죽을 매끈하게 한다.
9 스크레퍼로 남은 반죽을 깨끗하게 잘라낸다.
10,11 스무더를 다시 문질러 완성한다.

+ 모델링

곰돌이 모델링

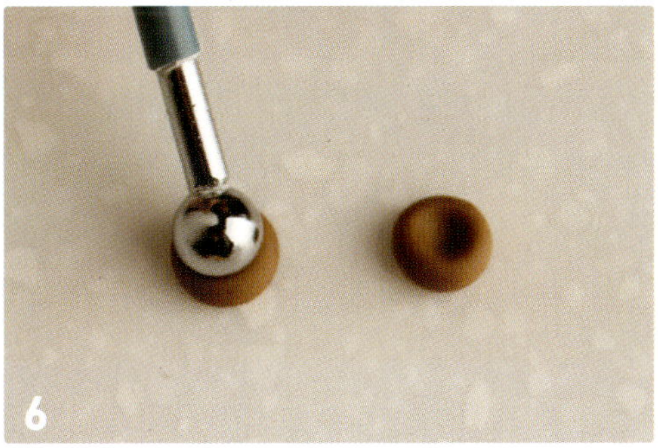

1 핸들링을 하여 모델링 반죽을 매끈하게 치댄다.
2 색소를 넣어 모델링에 어울리는 색깔을 입힌다.
3 머리, 몸통, 귀 2, 다리 2, 팔 2, 꼬리를 둥글려 준비한다.
4,5 얼굴 모양을 잡는다.
6 볼 툴을 이용하여 귀를 만든다.

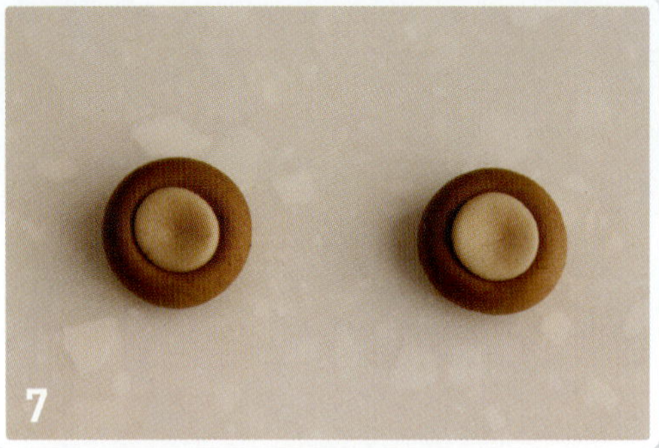

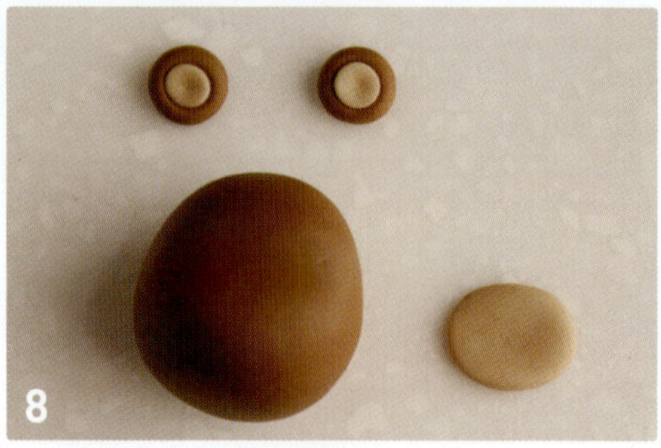

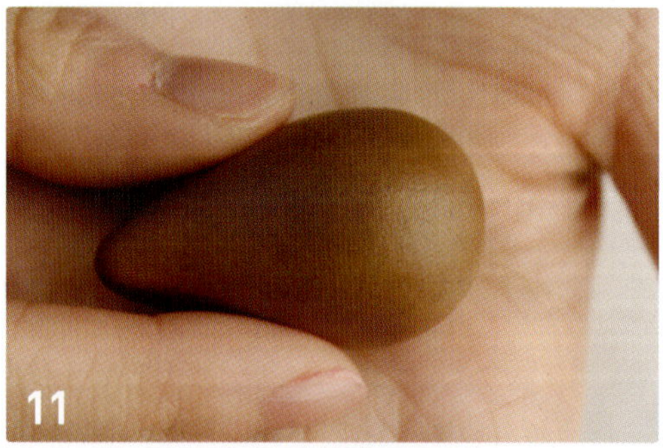

7 귀안에 흰색 반죽을 조금 넣는다.
8 얼굴, 귀 2, 코를 조합한다.
9 입을 찍는다. (코)
10 눈을 붙인다.
11 몸통을 물방울 모양으로 잡는다.

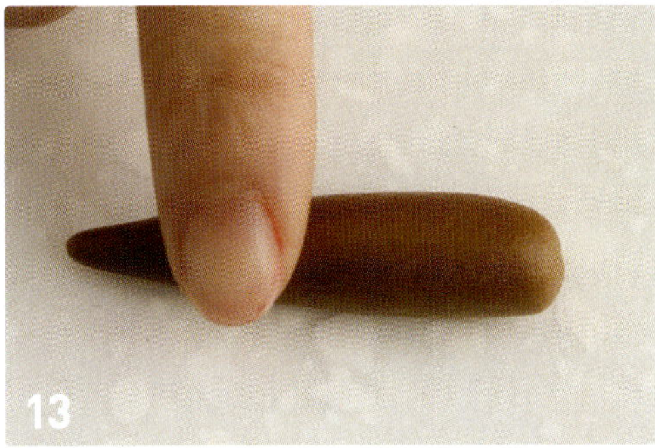

12 몸통과 머리를 이쑤시개를 이용하여 붙인다.
13 팔과 다리를 손으로 굴려 만든다.
14 팔 2, 다리 2, 꼬리를 완성하다.
15 조합하여 완성한다.

아기 모델링

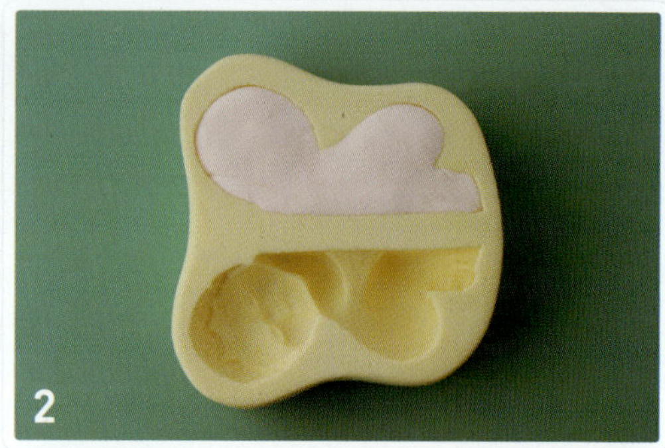

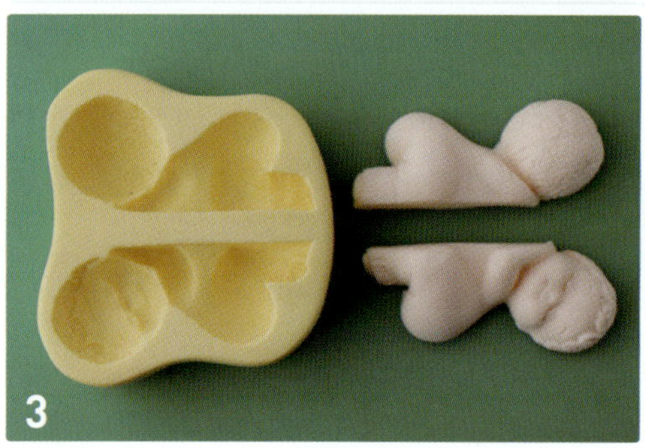

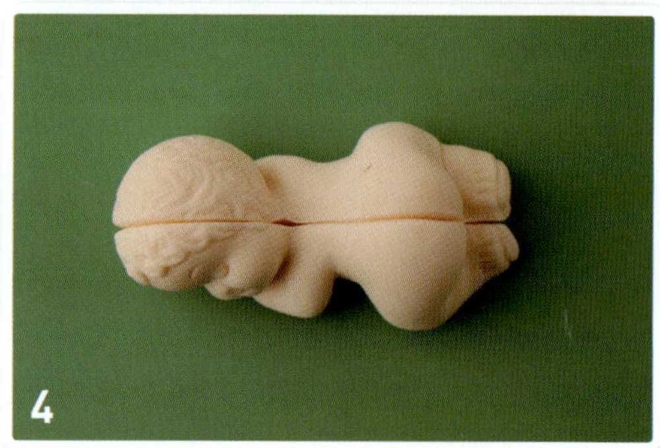

1 아기 몰드에 들어갈 정도의 살색 모델링 반죽을 핸들링 하여 전분에 굴려 준비한다.
2,3 몰드에 반죽을 눌러 넣은 후 앞면과 뒷면 반죽을 빼낸다.
4 앞뒤 반죽을 붙인다.
5 삼각형 모양으로 자른 반죽을 엉덩이 쪽에 붙여 기저귀를 만든다.
6 아기 치마에 쓰일 반죽을 밀어 준비한다.

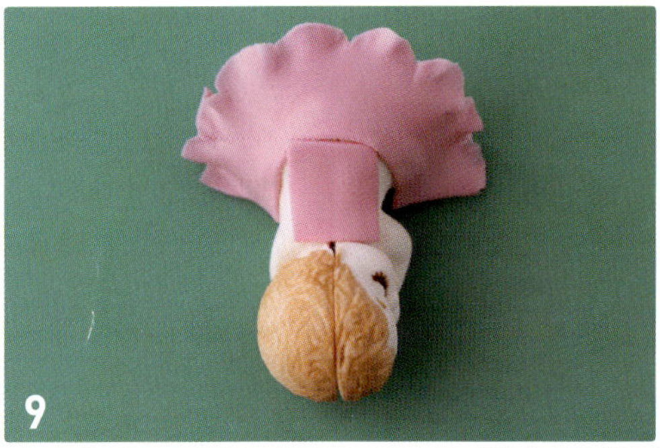

7 프릴 커터로 찍는다.
8 치마 레이스 끝을 스틱 봉으로 얇게 밀어 주름을 준다.
9 치마를 둘러준다.
10 옷과 레이스를 한번 더 만들어 레이스 2개를 붙인다.
11 미니 리본 등으로 옷을 장식한다.
12 모자를 씌워준다.

13 모자에 붙일 미니 꽃을 밀어 커터로 찍는다.
14 붙인다.
15 완성한다.

신발 모델링

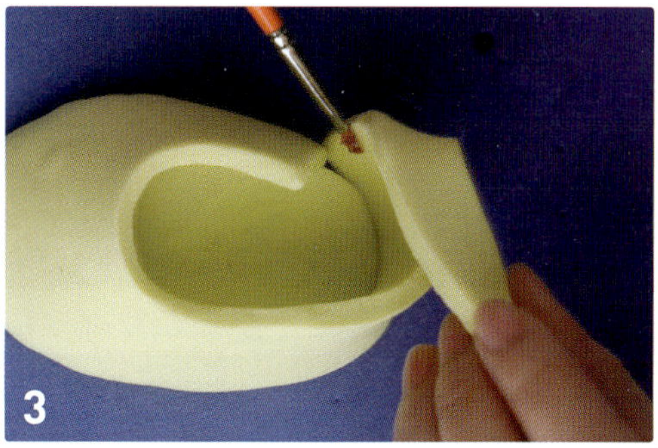

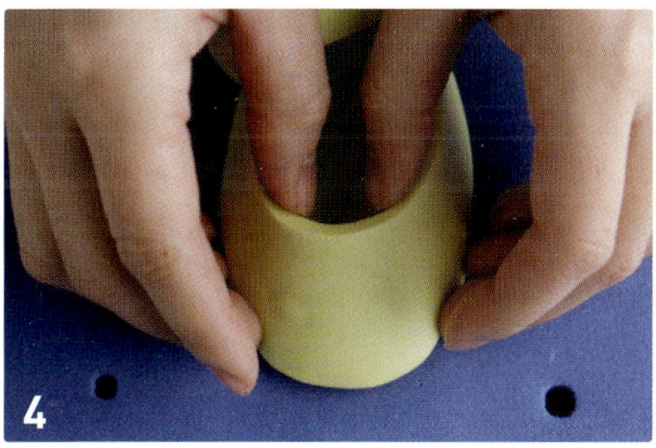

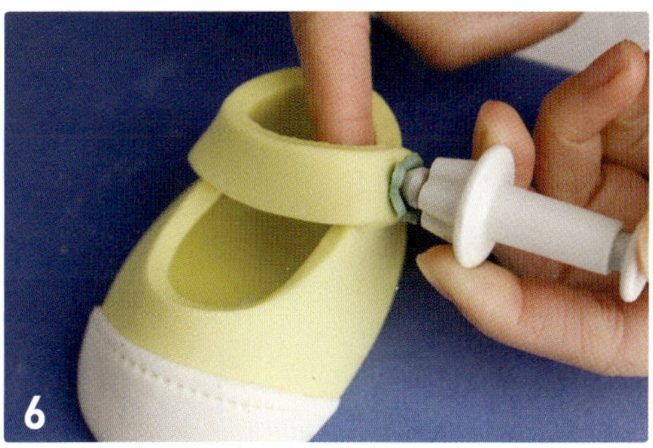

1 아기 신발 도안을 반죽 위에 놓는다.
2 자른다.
3 붓으로 반죽 끝에 물을 바른 후 신발 바닥을 붙인다.
4 옆면을 붙인다.
5 앞코 부분에 퀼팅 툴을 이용하여 바느질선을 만든다.
6 블로섬 플렌져 커터를 이용하여 신발 옆면을 장식하여 완성한다.

+ 슈가반죽을 이용한 응용 데코 기법

리본장식

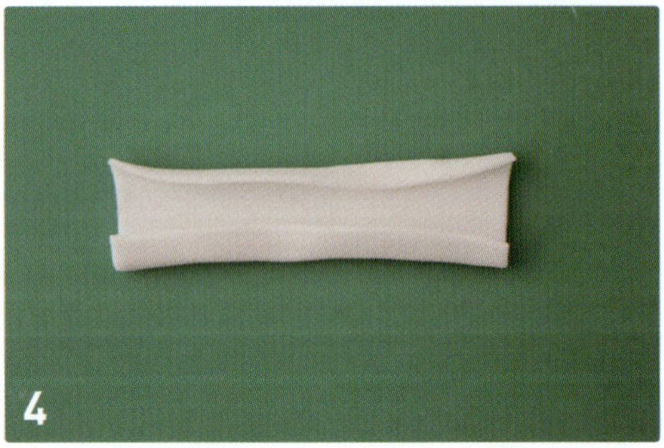

1 슈가 반죽을 밀어 적당한 크기의 직사각형으로 반죽을 자른다.
2 양쪽 끝을 가운데를 중심으로 오므려 붙인다.
3 중심을 잡아 자연스럽게 오므린다.
4 리본 중심에 붙일 띠 모양을 잡아준다

5 중심에 띠를 둘러준다.
6 리본을 완성하다.
7 드레이프 한 옆면 등에 장식한다.

드레이프

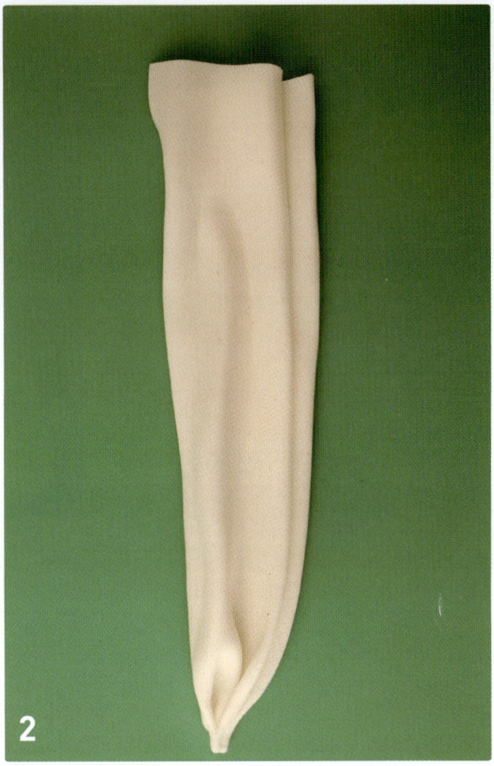

1 반죽을 민다.
2 주름을 자연스럽게 잡는다.
3,4 커버링 된 케이크 위에 자연스럽게 드레이프를 붙인다.

숫자/하트 스프링 장식물 만들기

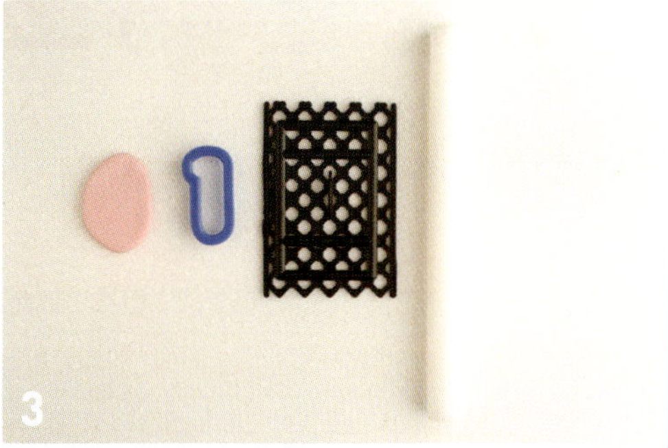

1 여러 가지 색깔의 반죽을 밀어 별, 하트, 구름 등의 커터로 찍는다.
2 가는 철사를 이용하여 밀어 놓은 반죽에 꽂고 볼펜을 이용하여 말아 스프링을 만든다.
3 패치코드 커터와 숫자 커터를 준비한다.
4 숫자가 될 반죽색을 밀대로 밀어 패치코드 커터로 무늬를 낸다.
5 숫자 커터로 찍는다.
6 초를 꽂아 숫자 초로 응용할 수 있다.

스트레이트 프릴커터 사용하기

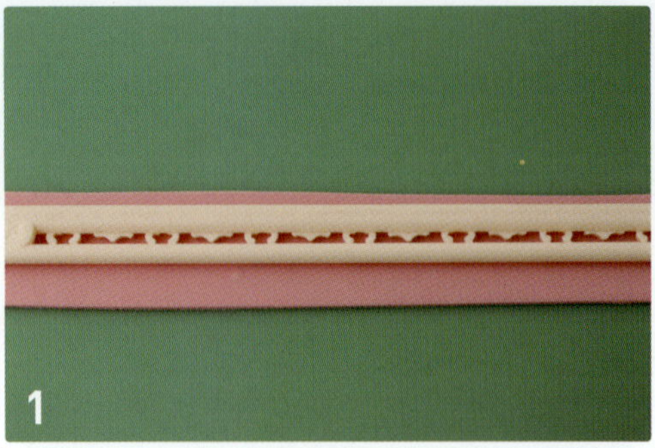

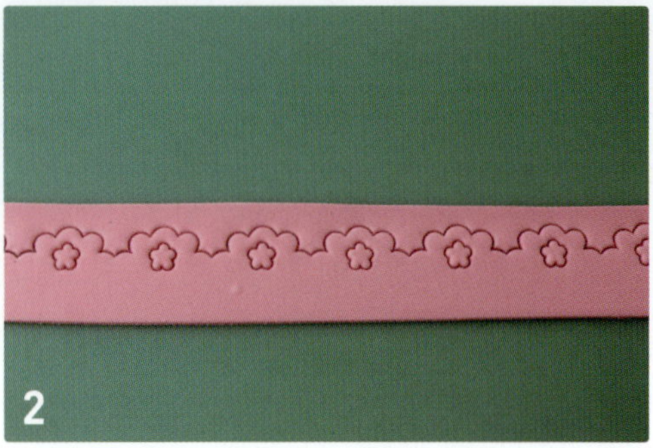

1 슈가 반죽을 밀어 긴 띠로 자른다.
2 스트레이트 프릴 커터로 확실하게 눌러준다.
3 여분의 반죽을 떼어내고 케이크 옆면에 붙일 스트레이트 프릴을 완성한다.

진주장식 만들기

1 진주 몰드에 들어갈 반죽을 준비한다.
2 몰드 사이에 반죽을 넣고 눌러 준다.
3 몰드 위로 튀어나온 여분의 반죽을 잘라낸다.
4 몰드를 벌려 진주 띠를 빼낸다.
5 완성하여 정리한다.
6 케이크 옆면에 진주 띠를 붙인다.

봉봉리본

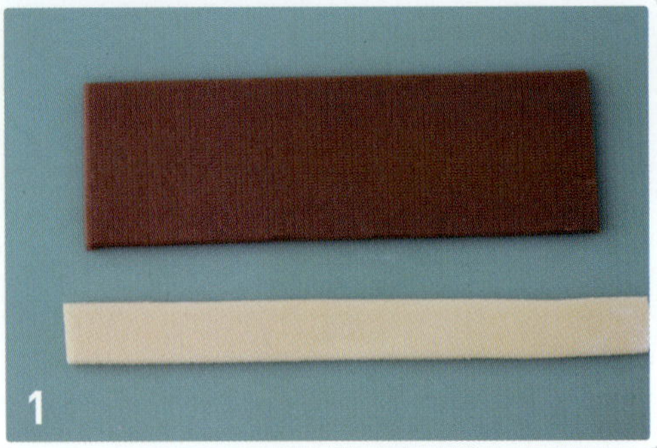

1 두 색으로 적당한 크기의 직사각형 띠 반죽을 준비한다.
2 넓은 반죽 위에 가는 반죽을 붙여 모양을 낸 후 양쪽 끝을 붙여 고리 모양으로 만든다.
3 4개의 고리를 균형 있게 붙여 준다.
4 2번째 4개의 고리를 올린다.
5 3번째 4개의 고리를 붙인다.
6 가운데 올라갈 고리를 미리 모양 잡아 놓아 살짝 말려 둔다.

7

8

9

7 봉봉 리본을 완성한다.
8,9 케이크 윗면에 올려 장식한다.

도트장식 만들기

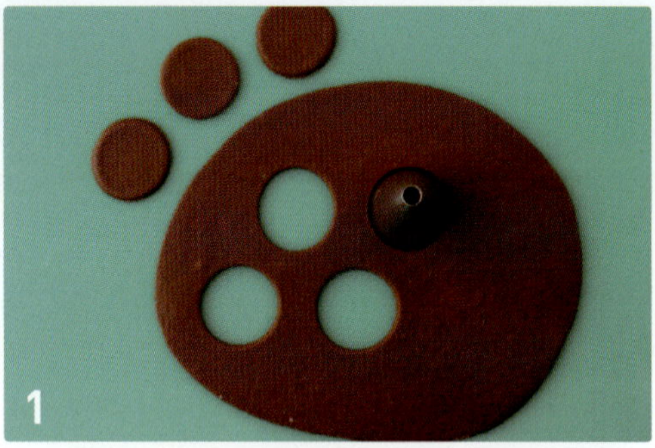

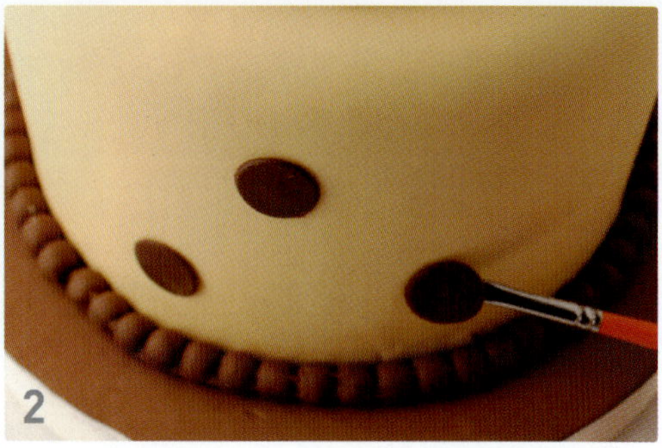

1 원하는 색깔의 슈가 반죽을 밀어 모양 깍지 뒷면의 원을 이용하여 원형 반죽을 찍어 낸다.
2 케이크 옆면에 균형 있게 붙여준다.
3 숫자 커터를 찍어 축하 숫자를 붙여 장식할 수 있다.

+ 슈가플라워

장미

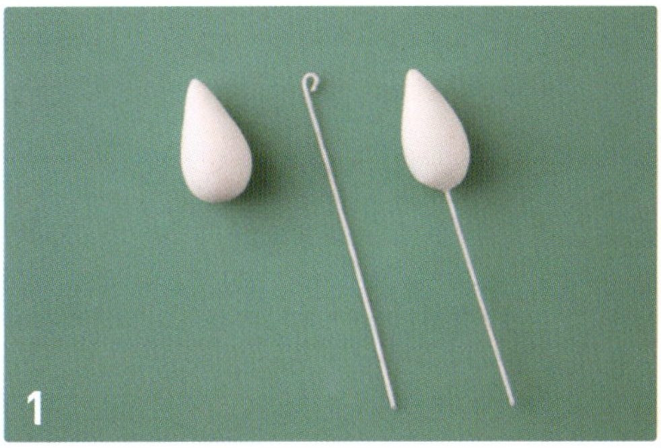

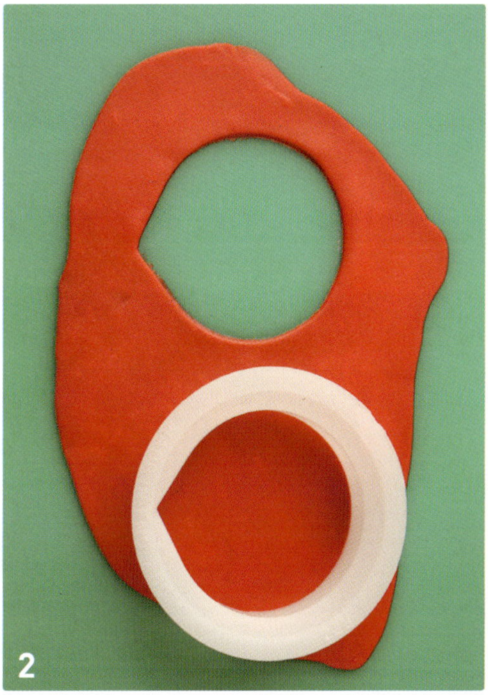

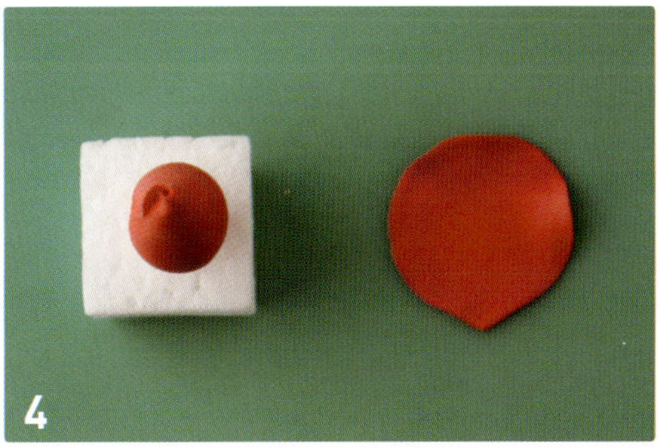

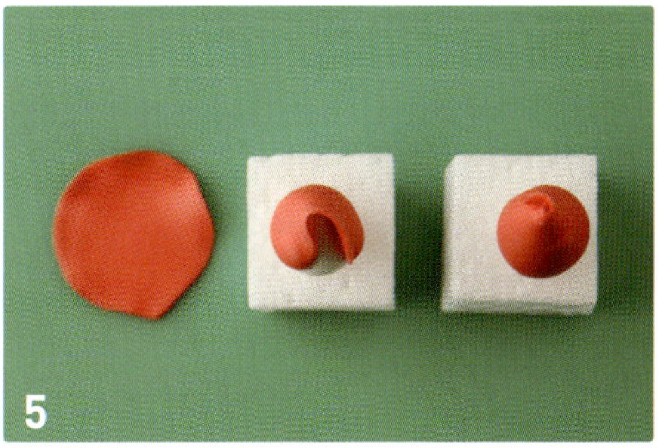

1 장미 심지를 물방울 모양으로 잡은 후 철사 끝을 구부려 밑에 꽂는다.
2 장미 커터를 이용하여 장미 잎을 찍어 낸다.
3 잎에 레이스를 주어 자연스러운 굴곡을 준다.
4,5 심지에 꽃잎 한 장을 만다.

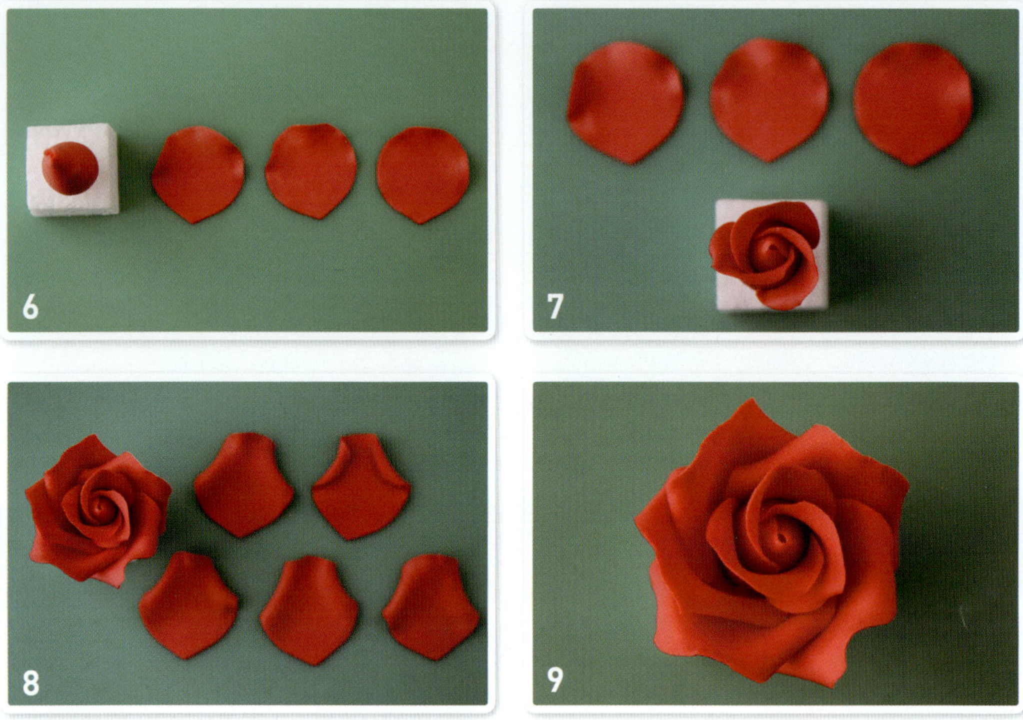

6,7 3잎으로 삼각형으로 붙인다.
8 5잎을 균형 맞춰 붙인다.
9 완성한다.

잎

1 초록색 반죽을 밀어 잎 커터로 찍는다.
2 잎맥 몰드를 찍는다.
3 꽃받침 커터로 꽃받침을 찍는다.
4 가위로 가시를 자른다.
5 장미 밑에 꽃받침을 끼워 넣는다.

카네이션

1 슈가 플라워 반죽을 밀어 카네이션 커터로 찍어낸다.
2 셀스틱을 이용하여 꽃잎을 자연스럽게 레이스 준다.
3 꽃잎을 3장 준비한다.
4 수박씨 크기 정도의 반죽과 끝을 구불린 철사를 준비한다.
5 반죽을 철사에 끼운다.
6 꽃잎 한 장을 끼워 넣는다.

7 물을 살짝 바른후 반으로 접는다.
8 1/3을 앞으로 접는다.
9 남은 1/3을 뒤쪽 방향으로 접은 후 자연스럽게 오므려 준다.
10 2번째 꽃잎을 넣는다. (3번째 꽃잎 반복)
11 자연스러운 꽃잎이 되게 바란스를 맞춰준다.
12 꽃잎 끝을 꽃가위로 잘라 가위집을 넣는다.

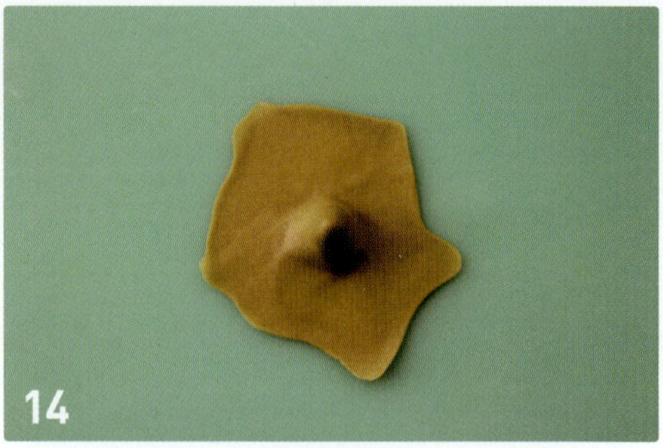

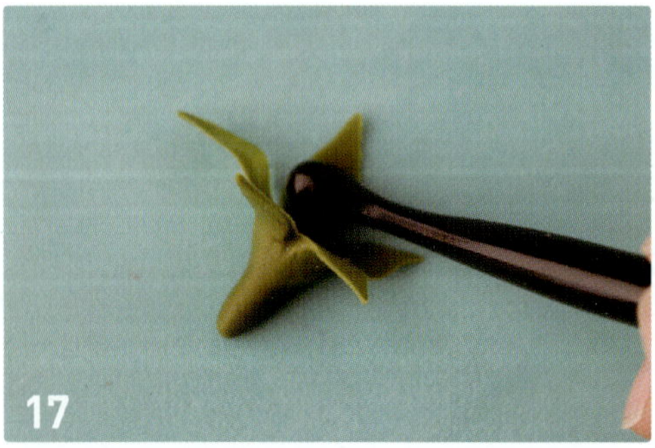

13,14 녹색 플라워 반죽을 조금 떼어 멕시칸 모자 모양으로 빚은 후 셀스틱으로 사방을 늘려준다.
15 꽃받침 커터로 찍어낸다.
16 볼 툴로 가운데를 눌러 홈을 만든다.
17 자연스럽게 굴려준다.

18 만들어놓은 꽃잎이 완성된 철사에 꽃받침을 끼워 넣는다.
19 꽃 테이프로 감는다.
20 카네이션을 완성한다.

+ 슈가 케이크 작품

설탕공예

설탕 공예

+ 설탕시럽 끓이기

| 재료 | 설탕-1000g, 물 300g, 물엿 200g, 주석영 0.5g

1

2

3

4

5

1 스테인리스 냄비와 저울을 준비한다(스테인리스 냄비는 일반 세제로 닦아 물로 잘 헹구고, 동 냄비는 식초와 소금으로 깨끗이 닦고 물로 충분히 헹군다).
2 저울 위에 냄비를 올리고 먼저 물을 계량한다(먼저 냄비에 설탕을 넣어 버리면 물이 적어져 잘 섞이지 않기 때문에 물을 먼저 넣고 설탕을 넣어야 한다).
3 설탕을 계량해 넣는다.
4 주석산 분말을 귀이개 한 개 분량만큼 넣는다(액체인 것은 물과 주석산의 비율을 1:1로 끓여서 설탕시럽이 165℃로 끓으면 스포이드로 10방울 정도를 떨어뜨린다).
5 중불로 가열한다.

6

7

8

9

10

11

6 설탕시럽이 끓기 시작하면 떠오르는 불순물을 국자로 떠낸다.
7 냄비를 불에서 내려 저울에 젖은 수건을 올려놓고 물엿을 계량한다.
8 불순물을 모두 걷어낸 후 온도계를 냄비에 꽂아놓고 끓인다.
9 냄비 옆면에 튀는 설탕시럽을 붓으로 닦아주면서 165℃까지 끓인다(주의! 냄비 옆면에 튀는 설탕시럽을 붓으로 제거해주지 않으면 설탕 반죽에 결정이 생기게 되어 당기기, 불기, 붓기 등의 설탕공예기법 작업 시 작품이 매끄럽게 나오지 않으며, 작은 구멍이 뚫린 표면이 나오게 된다).
10 설탕 시럽에 색소를 넣어 끓일 경우 160℃ 일 때 색소를 투입해 168℃까지 끓인다.
11 색소를 넣고 끓인 사진

+ 이소말트

설탕을 이루는 원료 중 하나로 칼로리와 감미도가 낮아 설탕 대체물질로 사용되기도 하며, 흡습성이 적고 열과 산이 강하다. 또한 갈변현상이 드물어 코팅하기가 쉬워 사탕, 초콜릿, 껌 등 제과제빵 분야에 널리 쓰인다. 설탕공예에서는 투명한 것을 표현하거나 원하는 색상을 나타낼 때 갈변현상이 적어 많이 사용하며, 설탕 반죽보다 말랑말랑하므로 모양을 만들 때 주의한다.

이소말트 끓이기

1 깨끗한 냄비에 사용할 만큼의 이소말트를 넣고 끓인다
2 온도를 따로 잴 필요 없이 보글보글 끓여 이소말트 덩어리가 없어지고 이소말트 알갱이가 녹을 때까지 저어 주면서 끓인다.
(단, 끓인 이소말트 시럽을 실팻에 부어 반죽해서 사용하거나 틀에 부어서 사용한다.)

+ 설탕 반죽하기

1 설탕시럽을 끓이자마자 바로 대리석이나 실팻에 부어 식힌다.

2,3,4 실 팻 위에 놓인 설탕시럽은 가장자리부터 굳기 시작하므로 굳기 전에 안으로 밀어 넣어서 온도가 균일하게 유지되도록 한다.

5

6

7

5,6,7 손으로 눌러 주었을 때 물렁물렁해지지 않고 탄탄하게 느껴질 정도로 되직해질 때까지 식힌다(설탕 반죽이 뭉쳐지면 바닥에 닿는 면이 식기 때문에 뒤집어 접는 과정을 반복해서 고르게 식힌다. 반죽이 어느 정도 식으면 원하는 모양을 만들어 사용한다).

설탕 당기기

| 설탕반죽을 잡아당길 때 주의할 점 |

잡아당기는 것이 부족할 때

설탕에 공기가 들어가지 않고 광택이 없으며 색의 변화도 없다.

너무 잡아당겼을 때

설탕에 공기가 너무 들어가 버린 상태로 빛이 나는 것을 통과해버려 빛이 선명하지 않고 안개 낀 유리처럼 되어서 색이 날아가 버린다.

가장 좋은 상태

평균적으로 열을 빼서 잡아당겼을 때 곧바로 식혔기 때문에 빛이 나가지 않고 설탕의 심지 쪽부터 빛이 나온다.

+ 설탕공예

장미꽃

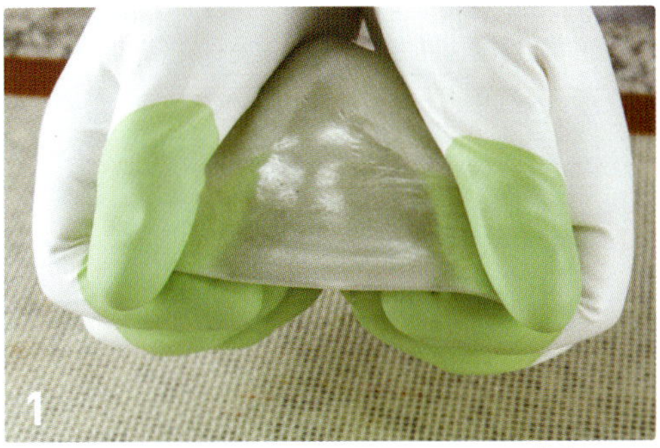

1 설탕반죽을 옆으로 펼쳐준다.
2 설탕반죽을 적당량을 얇게 당겨준다.
3 설탕반죽 아랫부분을 가위로 잘라준다.
4 원통형으로 종이 말듯이 살짝 말아주면서 꽃 심을 만든다.
5 설탕반죽을 옆으로 적당량을 펼쳐준다.
6 설탕반죽 적당량을 꽃잎 모양으로 얇게 편 다음 당겨서 가위로 잘라준다(설탕 반죽을 얇게 떼어낼수록 광택이 난다).

7,8 꽃 심을 올려놓고 얇게 떼어낸 반죽을 감싸준다(꽃잎 하나를 만들 때마다 반죽 온도를 유지하기 위해서 설탕반죽을 설탕 램프 아래로 모아주는 작업을 반복한다).

9,10 동일한 방법으로 설탕반죽을 떼어낸 후 꽃잎은 손끝으로 다듬어서 모양을 낸다.

11,12,13,14,15,16 꽃 심을 중심으로 꽃잎을 한 잎 두 잎 감싸며 꽃을 완성한다.

새

| 몸통 |

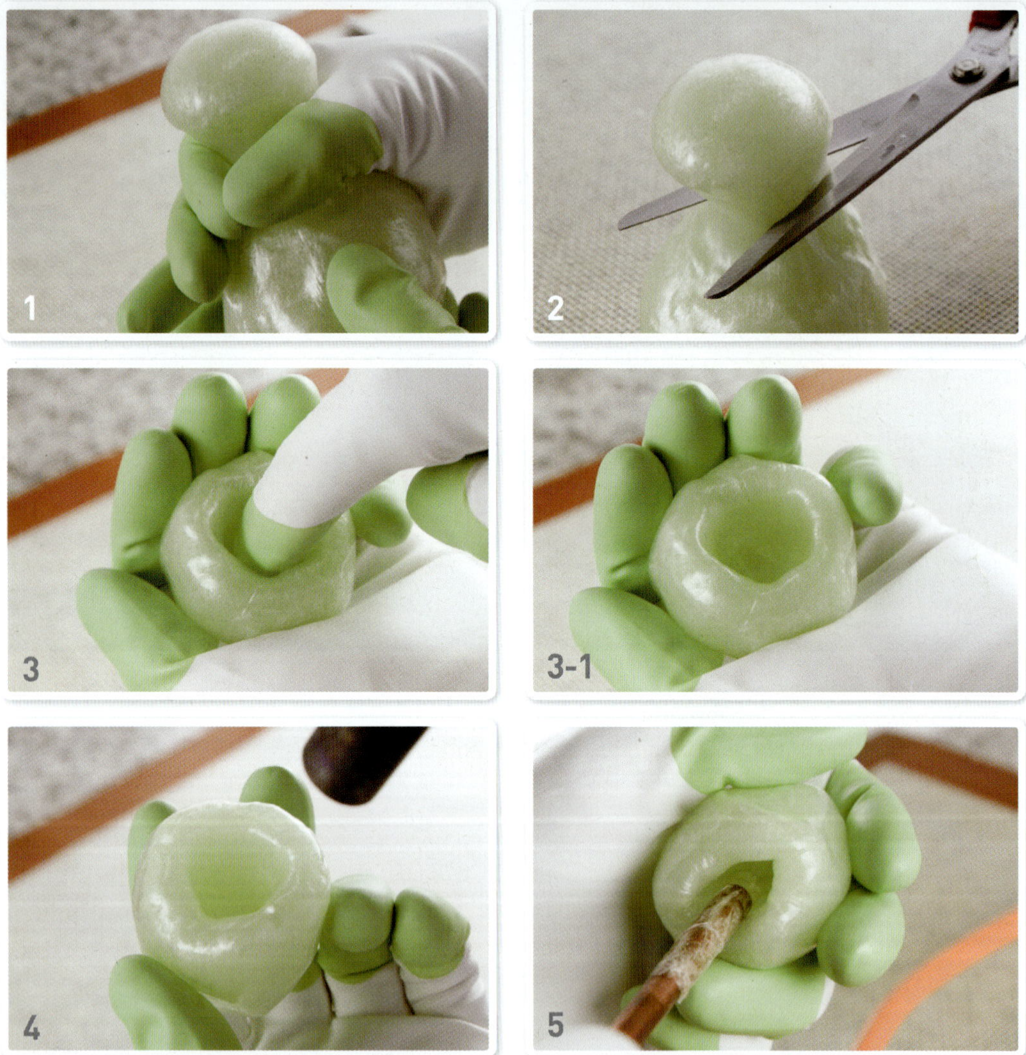

1 설탕 반죽을 최대한 딱딱하게 만들어 양손으로 반죽을 꾹꾹 눌러서 가운데를 둥근 모양으로 올라오게 한다.
2 둥글게 올라온 아랫부분을 가위로 자른다.
3,3-1 가위로 자른 부분을 검지를 넣고 구멍을 내고 손으로 모아준다.
4 구멍을 낸 테두리 부분에 토치램프로 열을 가해준다.
5 구멍을 낸 부분에 펌프를 2/3 정도만 넣어준다(토치램프로 펌프 끝부분을 달궈 집어넣는다).

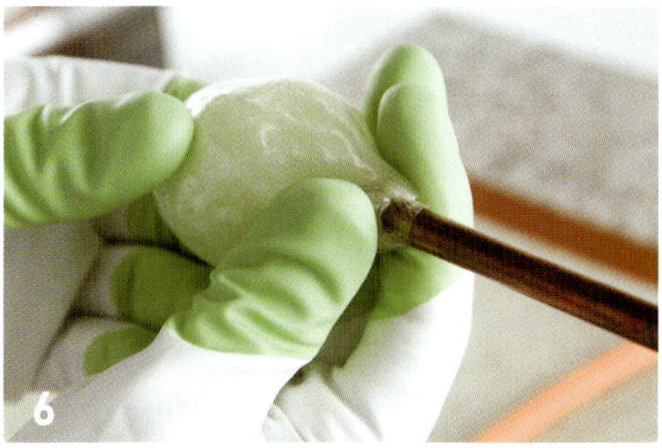

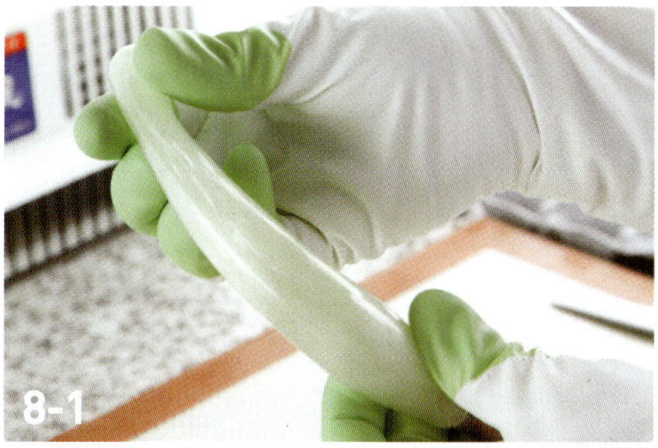

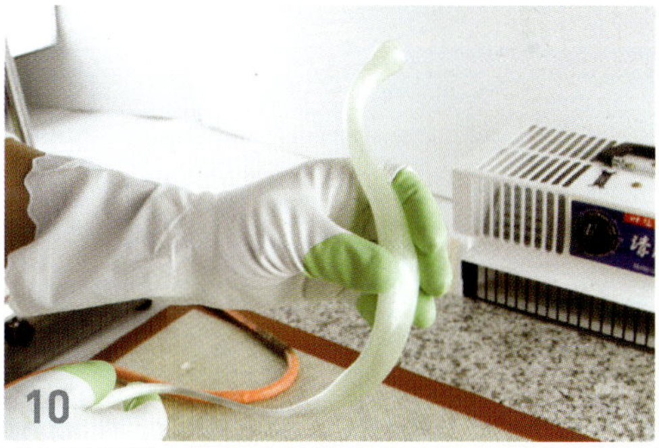

6 약간 부드러워진 구멍 낸 끝부분과 펌프 끝부분을 잘 붙여준다.

7 왼 손으로 설탕 반죽을 잡고 오른손으로 펌프로 공기를 주입시킨다.

8,8-1 펌프로 반죽을 부풀린 다음 반죽을 잡아당겨 다음 손으로 다듬는다.

9 새 목이 되도록 반죽을 길게 잡아 빼 준 다음 윗부분을 살짝 늘어뜨린다.

10,10-1 펌프에 낀 부분이 새 꽁지가 되도록 펌프를 빼낸다.

| 날개 |

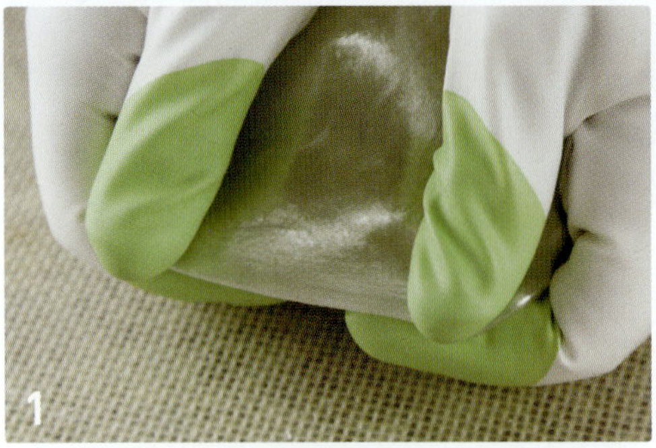

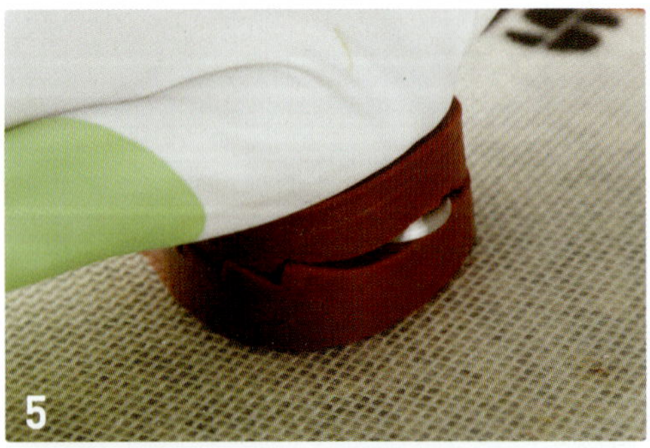

1 설탕 반죽 적당량을 잡아당겨서 얇게 편다.
2 얇게 편 반죽을 당겨준다.
3 가위를 이용하여 원뿔 모양이 되도록 자른다.
4 실리콘 날개 몰드에 올려놓는다(몰드를 이용할 때 몰드가 너무 차가우면 누르는 과정에서 깨질 염려가 있으므로 설탕 램프 아래 잠시 둔 후 온도를 적당히 맞춘 다음 사용한다).
5,6 실리콘 날개 몰드를 눌러 모양을 낸다.
7 몰드로 찍어낸 날개를 선풍기 바람으로 식힌다.

| 부리 |

1,2 설탕 반죽을 실을 뽑듯이 가늘게 쭉 잡아당겨 손으로 떼어낸다.

| 벼슬 |

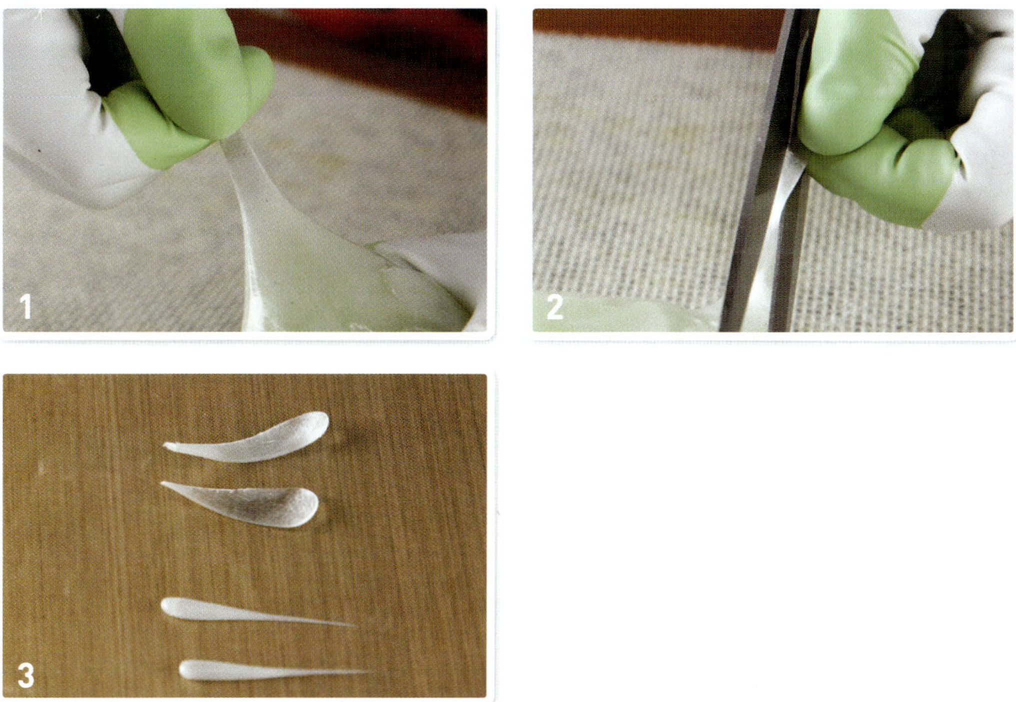

1,2 부리보다 약간 넓게 해서 반죽을 잡아당긴 후 원뿔 모양이 되도록 가위로 자른다.
3 부리, 벼슬 완성 사진

구슬

1

2

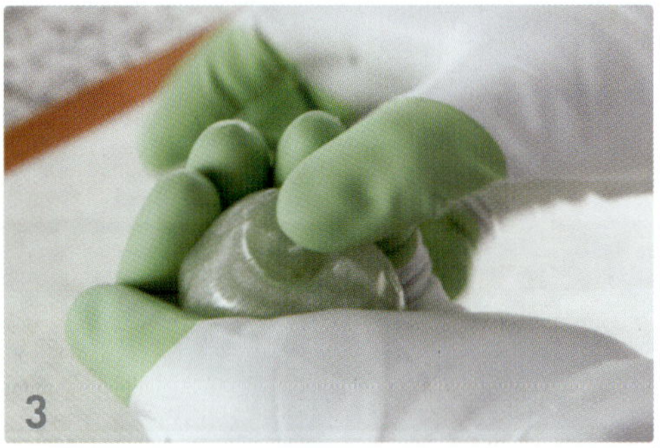

3

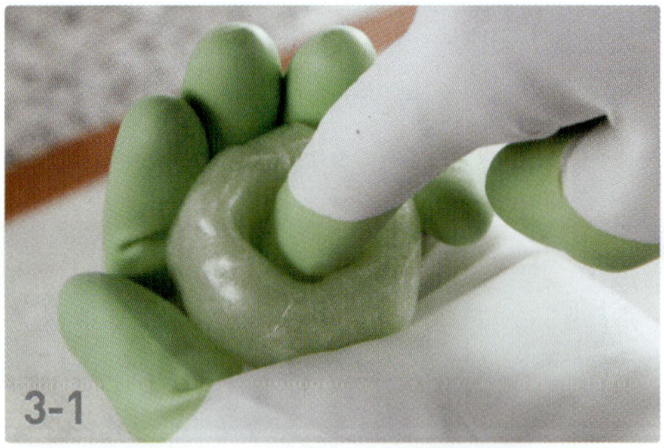

3-1

3-2

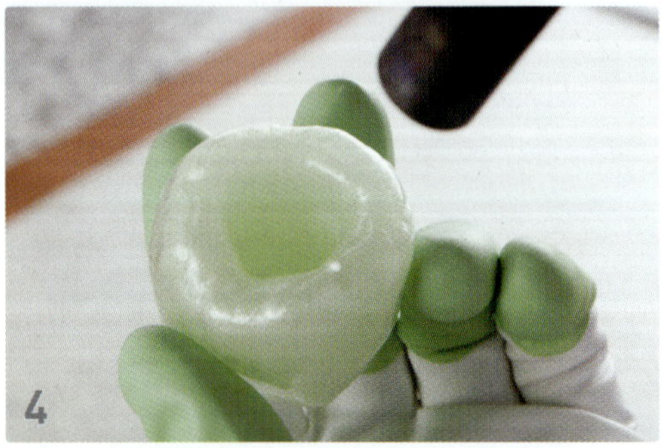

4

1 설탕 반죽을 최대한 딱딱하게 만들어 양손으로 반죽을 꾹꾹 눌러서 가운데를 둥근 모양으로 올라오게 한다.
2 둥글게 올라온 아랫부분을 가위로 자른다.
3,3-1,3-2 가위로 자른 부분을 검지를 넣고 구멍을 내고 손으로 모아준다.
4 구멍을 낸 테두리 부분에 토치램프로 열을 가해준다.

5 구멍을 낸 부분에 펌프를 2/3 정도만 넣어준다.

6,6-1 약간 부드러워진 구멍 낸 끝부분과 펌프 끝부분을 잘 붙여준다.

7 공기를 천천히 주입 시킨 후 구슬이 어느 정도 모양을 갖추면 선풍기 바람을 씌워주는 등 식혀주면서 작업 해야 광택이 살아난다.

8 동일한 방법으로 여러 가지 구슬을 만들 수 있다.
(펌프를 집어넣은 입구를 토치램프로 살짝 달궈서 펌프를 빼면 아주 쉽게 펌프가 빠진다.)

리본

| 재료 | 설탕 500g, 물 100g, 물엿 150g, 크림 타르타르 소량

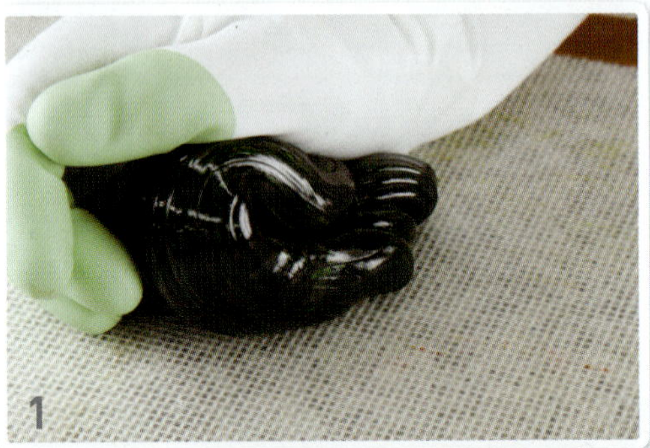

1 설탕 반죽이 뭉쳐지면 바닥에 닿는 면이 식기 때문에 뒤집어 접는 과정을 반복해서 고르게 식힌다.

2,3,4,5 광택이 날 때까지 초록색 설탕 반죽을 충분히 당겨서 꽈배기 모양을 만들어 광택을 낸다(하얀색 설탕반죽도 동일한 방법으로 만든다).

6

6-1

7

8

9

6,6-1 한 덩어리로 뭉쳐준 후 설탕반죽을 램프에서 초록색 설탕 반죽과 하얀색 설탕반죽을 둥글게 말아 준다.
7 둥글게 말아준 초록색 2개, 하얀색 1개 설탕 반죽을 서로 붙여준다.
8 설탕반죽의 두께를 균일하게 당겨준다(두께를 균일하게 당기는 게 가장 중요하다).
9 2번 접어서 6줄로 만든 하얀색 반죽 끝에 초록색 반죽을 붙인다

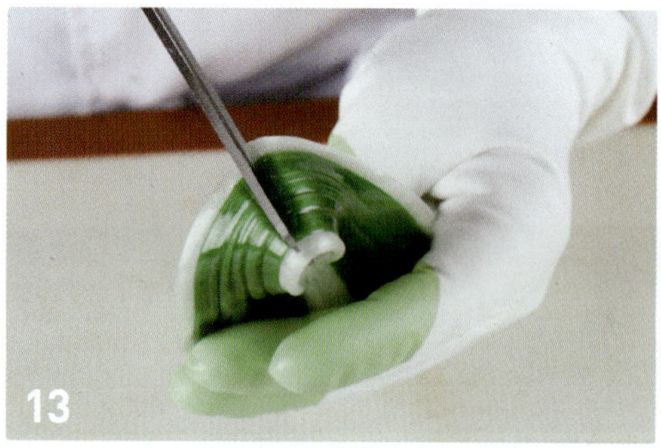

10 접어진 가운데 부분을 자른다.
11 초록색 반죽을 붙여준 후 당겨준다.
12 초록색과 하얀색이 섞이게 하얀색 반죽이 안으로 들어가게 절반을 접는다.
13 절반으로 접어 가운데를 자른다.
14 반죽을 서로 붙인 후 당겨서 펴면 하얀색이 가운데에 섞이게 된다.
15 양 끝을 잡고 두께가 균일하게 당겨준다.

16 두께가 균일해지도록 편 다음 쭉 잡아당겨서 길게 늘어뜨린다(이때 반죽의 되기를 잘 살펴서 당겨야 하며, 너무 딱딱하면 끊어질 수도 있다).

17 칼을 토치램프에 달궈서 리본 양쪽 끝부분을 자른 후 리본을 사용할 크기로 적당한 길이를 자른다.

18,19,20,21 자른 리본을 안쪽으로 살며시 구부려 모양을 잡는다(리본의 모양을 잡을 때 설탕공예 램프에 살짝 데워서 구부리면 쉽게 구부릴 수 있다).

꽃잎 잎사귀

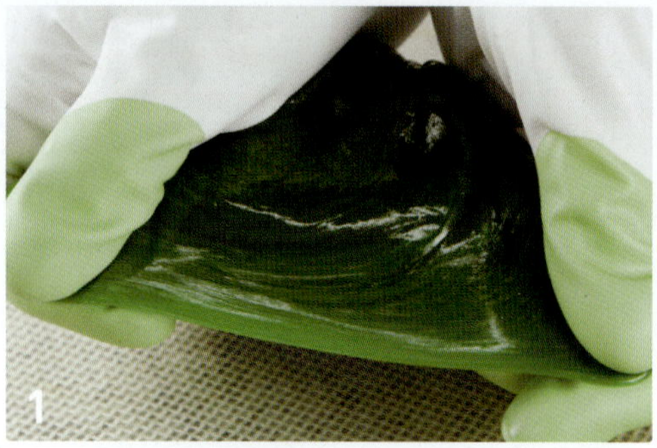

1 설탕 반죽 적당량을 잡아당겨서 얇게 편다.
2 얇게 편 반죽을 당겨준다.
3 가위를 이용하여 원뿔 모양이 되도록 자른다.
4 실리콘 날개 몰드에 올려놓는다(몰드를 이용할 때 몰드가 너무 차가우면 누르는 과정에서 깨질 염려가 있으므로 설탕 램프 아래 잠시 둔 후 온도를 적당히 맞춘 다음 사용한다).
5 실리콘 날개 몰드를 눌러 모양을 낸다.
6 몰드로 찍어낸 후 선풍기 바람으로 식힌다.

줄기

1

2

3

4

5

1,2 설탕 반죽을 실을 뽑듯이 가늘고 길게 잡아당긴다.
3 길게 잡아당긴 줄기 중간 부분을 가위로 자른다.
4,5 설탕반죽이 굳기전에 실펫에 놓고 손으로 자연스럽게 곡선 모양을 만든다.

받침대

1 실리콘으로 모양을 잡아준 후 설탕시럽을 부어준다.
2 크기가 다른 원형 틀을 준비하여 끓인 설탕시럽을 부어준 다음 굳힌다(설탕시럽이 굳으면 링 틀에서 빼낸다).

마무리

1 원형 받침대 위를 토치램프로 달군다.
2 작은 원형 받침대를 올려준다.
3 작은 원형 받침대 위에 기둥을 세울 부분을 토치램프로 달군다.
4 기둥을 원형 받침대에 위에 세운다(세운 부분은 선풍기를 이용하여 굳혀준다).
5 기둥 윗부분을 토치램프로 달군다.

6 기둥 위에 새 몸통을 붙여준다.
7 새 머리 앞부분에 부리를 붙인다.
8 새 머리 뒷 꼭지에 벼슬을 붙인다.
9 새 몸통 양옆에 날개를 붙인다.
10 기둥 아랫부분에 장미꽃을 붙인다.
11 꽃잎 잎사귀를 붙여준다.

12 새 몸통 아랫부분에 줄기를 붙여준다.
13 초록색 큰 리본을 꽃 아랫부분에 붙여준다.
14 원형 구슬을 붙여준다.
15 작은 리본을 새 몸통 아래 기둥에 붙여준다.
16 기둥 중간 부분에 구슬을 붙여준다.

초콜릿 공예

초콜릿 공예

대리석법을 이용한 템퍼링 방법

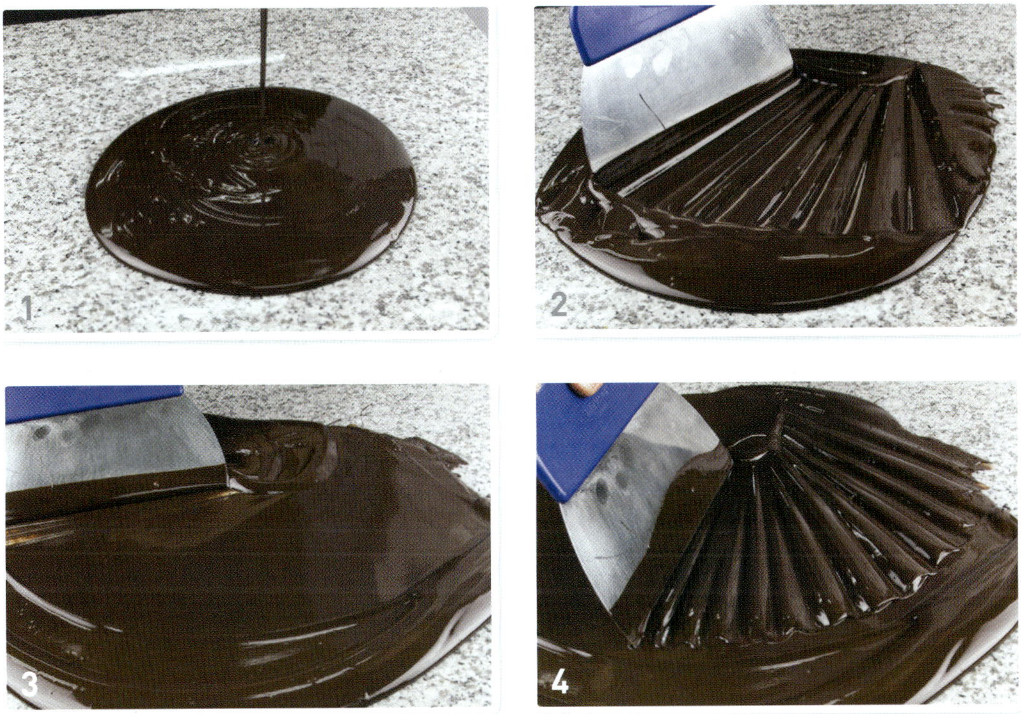

1 다크 초콜릿을 45~50℃까지 중탕으로 완전히 녹인 후 대리석에 붓는다(대리석 온도는 20℃~25℃가 적당하다).

2,3,4 스크래퍼를 이용하여 대리석 위에 녹인 다크초콜릿을 넓게 펴주며, 연속적으로 섞어준다.

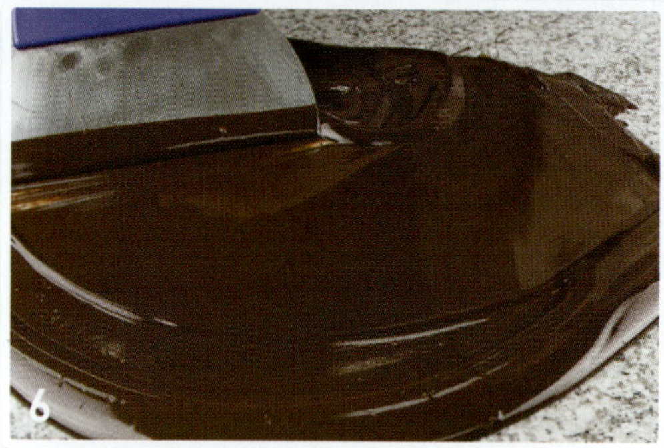

5 펼쳐진 다크초콜릿을 스크래퍼와 스패튤러를 이용하여 중앙으로 모아준다.

6 다크초콜릿을 다시 펼쳐준다.

7,8 다크초콜릿을 다시 모아 펴 주기를 반복한다(넓게 펴주고 모아주기를 반복하지 않으면 가장자리부터 굳기 때문에 균일한 온도관리가 되지 않는다).

9 다크초콜릿 온도가 27~28℃를 맞혀 준다.

10 스텐볼에 옮겨 담은 후 31~32℃까지 온도를 높여준 후 사용한다.

수냉법

1 스텐볼에 다크초콜릿을 넣고 중탕한 물 위에서 45~50℃까지 녹여준다.
2 냉수 위에서 녹인 다크 초콜릿을 저어주면서 온도를 27~28℃까지 낮추어 준다.
3 중탕한 물 위에서 32℃까지 온도를 올려 준다(이때 녹인 초콜릿 온도가 균일하게 되도록 잘 저어 주어야 한다).

+ TIP

+ 차가운 물을 이용하여 온도를 조절하는 방법

초콜릿 공예 완성하기

| 기둥, 받침대 |

1 실리콘으로 모양을 잡아준 후 템퍼링 한 다크초콜릿을 부어주고, 세르클 원형 지름이 16cm와 10cm에 템퍼링 한 다크초콜릿을 부어준다.

2 틀에 부은 초콜릿이 굳으면 빼낸다.

| 초콜릿용 색소 |

녹인 카카오 버터 100g, 유성 색소 8~10g 정도를 넣어 핸드 블렌더를 이용하여 잘 섞어준 다음 고운체에 걸러서 사용한다.

| 리본 |

1 OHP 필름을 종이 위에 놓고 붓을 이용하여 적색 색소를 발라준다.

2 OHP 필름을 종이 위에 놓고 붓을 이용하여 녹색 색소를 발라준다.

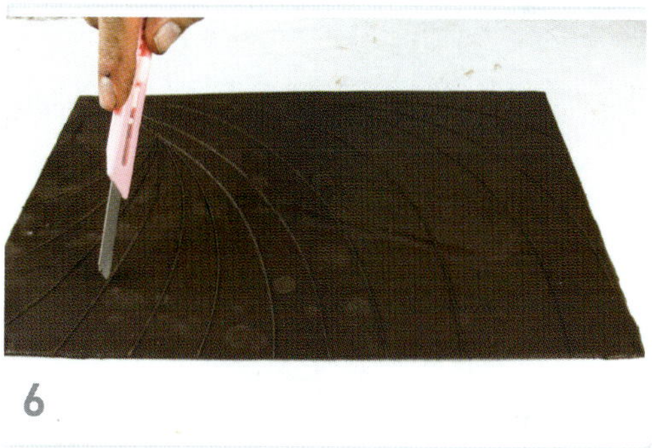

3 OHP 필름에 적색 색소가 굳으면 템퍼링 한 다크초콜릿을 부어 스패튤라를 이용하여 얇게 펴 준다.
4 얇게 펴진 초콜릿이 굳기 전에 칼을 이용하여 적당한 크기로 자른다.
5 밀대를 이용하여 OHP 필름을 구부려서 원하는 모양을 만들어 준다.
6 OHP 필름에 녹색 색소가 굳기 전에 칼을 이용하여 원하는 모양으로 그어준 후 OHP 필름을 구부려서 모양을 잡아준다.
7 OHP 필름에 모양을 낸 초콜릿이 굳으면 OHP 필름을 떼어낸다.
8 리본, 장식 초콜릿 사진

| 채색한 구 만드는 방법(채색구) |

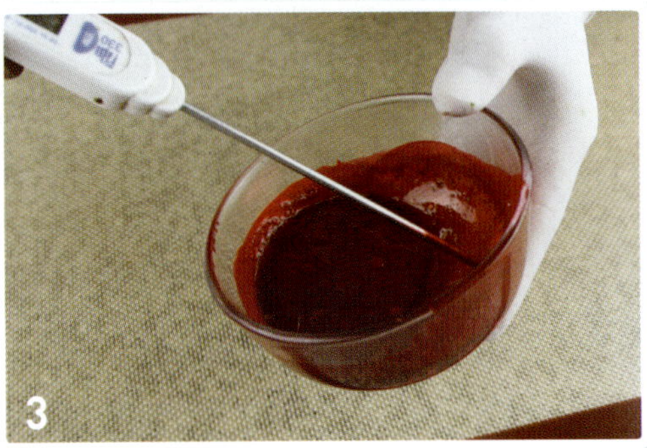

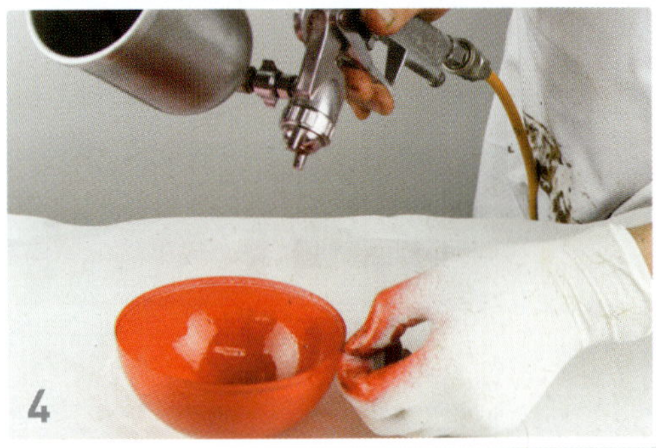

1 반구 몰드를 준비한다.
2 분사기를 토치램프로 약간 예열시킨다(분사기가 차가운 상태에서 초콜릿 색소를 넣게 되면 굳을 수가 있으므로 주의한다).
3 초콜릿 색소 온도를 30~35℃를 맞춘다.
4 반구 몰드에 분사기를 이용하여 적색 색소를 분사한다.
5 반구 몰드에 적색 색소가 굳으면 템퍼링 한 화이트 초콜릿을 부어준다.
6 스텐망에 반구 몰드를 뒤집어 놓는다.

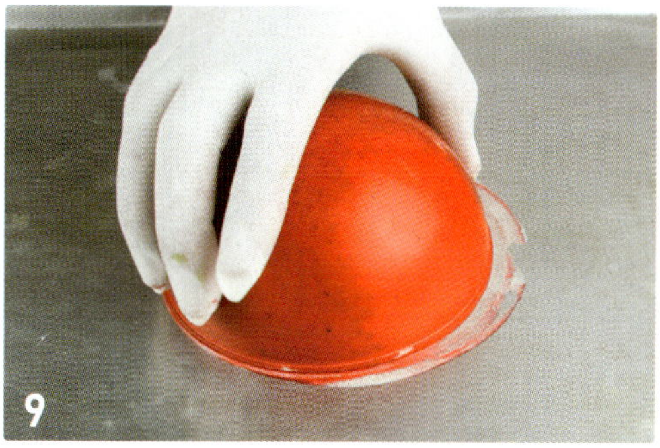

7 반구 몰드를 빼낸다.
8 토치램프로 냉각 철판을 데워준다.
9 반구형 초콜릿을 데워진 냉각 철판에 대고 살짝 문지르면서 바닥 부분을 녹여준다.
10 반구형을 서로 붙여준다.

| 꽃 |

1 다진 화이트 초콜릿을 핸드 블렌더에 넣고 곱게 갈아준다.
2 곱게 간 화이트 초콜릿을 손으로 뭉쳐 치대어 부드럽게 만든 후 밀대를 이용하여 대리석 위에 얇게 밀어 펴준다.
3 칼을 이용하여 타원형 모양으로 일정하게 자른다.
4 타원형 잎을 안쪽으로 약간 구부려 준다(타원형잎 양쪽 테두리부분을 엄지손가락으로 밀어서 얇게 만들어 준다).

5,6,7 곱게 간 화이트 초콜릿에 녹색 색소를 넣고 손으로 치대어 부드럽게 만든 후 손으로 밀어 펴서 꽃 수술과 줄기를 만든다.

8 부드러워진 화이트 초콜릿을 1cm 정도 두께로 만든 후 원형 링틀로 찍어낸다.

9,10 1cm 두께의 화이트 초콜릿 원형 중심 부분에 꽃 수술 바닥 부분에 화이트 초콜릿을 묻히고 냉매제를 이용하여 하나씩 붙여준다.

11,12,13,14,15,16 꽃 수술 밑 부분 주위로 꽃잎을 하나씩 간격을 맞혀 붙여준다.
17 에어브러쉬를 이용하여 꽃잎에 분사한다.

| 마무리 |

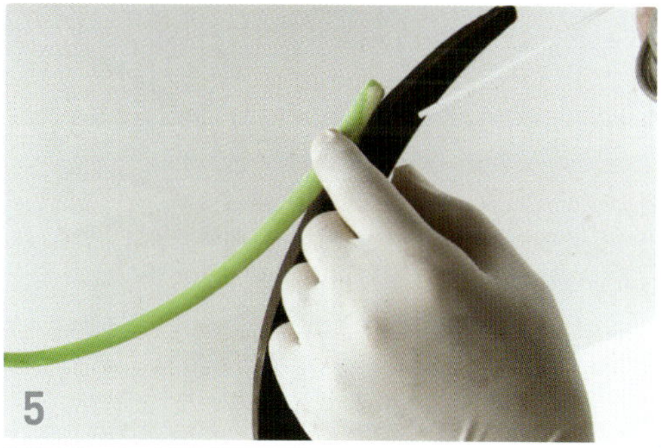

1 지름 16cm 원형 다크초콜릿을 바닥에 놓는다.
2 원형 초콜릿 중심 부분에 다크초콜릿을 짜준다.
3 지름 10cm 원형 다크초콜릿을 올린다.
4 초승달 모양의 기둥을 세운다(지름 10cm 원형 다크초콜릿의 윗부분을 칼로 깊게 파서 홈을 내고 붙이거나, 다크초콜릿을 붙여 세운다).

5,6,7 녹색 줄기를 붙인다.
8 꽃을 붙인다.
9 리본과 장식을 붙인다.
10 기둥 아래부분에 크기가 다른 구형 초콜릿을 2개 붙인다.